par l'ancienne Université. Nouvelle édition, revue et augmentée de plusieurs articles sur les mœurs et les usages, par *P. B.* 1 vol. in-18, de 288 pag., orné d'un titre gravé et d'une carte pliée contenant 24 fig. gravées au trait, lesquelles représentent les magistrats, les officiers, les prêtres dans leurs costumes. — Prix : 1 fr. 25 c.

Les premières Connaissances, à l'usage des enfans qui commencent à lire. 1 vol. in-18, imprimé en gros caractères, et orné de 5 jolies fig. et d'un titre gravé. — Prix : 1 fr. 25 c.

Le La Fontaine des Enfans, *ou* Choix de fables de La Fontaine, les plus simples et les plus morales, avec des explications à la portée de l'enfance. 1 vol. in-18, orné de 6 jolies figures. — Prix : 1 fr. 25 cent.

L'Ami des petits Enfans, *ou* les Contes les plus simples de *Berquin*, *Campe* et *Pierre Blanchard*. 2 vol. in-18, ornés de 8 jolies gravures. — Prix : 2 fr. 50 cent.

La Corbeille de Fleurs, *ou* Complimens pour les fêtes, anniversaires, jour de l'an, et autres circonstances ; à l'usage de l'enfance et de la jeunesse. 1 vol. in-18, figure et titre gravés. — Prix : 1 fr. 25 cent.

Le Chansonnier du premier age, *ou* Choix de Chansons que l'on peut permettre aux jeunes gens des deux sexes, pour exercer leur voix. 1 vol. in-18, fig. et titre gravés. — Prix : 1 fr. 25 cent.

La Lyre sacrée, *ou* Poésies morales et religieuses, extraites des auteurs les plus célèbres, à l'usage de la jeunesse. 1 vol. in-18, fig. et titre gravés. — Prix : 1 fr. 25 cent.

Récréations morales et amusantes, à l'usage des jeunes Demoiselles qui entrent dans le monde ; par madame *Félicité de Choiseul-Meuse*. 1 vol. in-12, fig. — Prix : 2 fr.

La Mythologie en Estampes, *ou* Figures des divinités fabuleuses avec leurs attributs, d'après les monumens antiques et les peintres les plus célèbres, accompagnées d'un texte explicatif et assez étendu pour donner une connaissance de la fable ; ouvrage utile aux jeunes gens des deux sexes. 1 vol. in-8° oblong, sur beau papier. — Prix : 4 fr., et figures coloriées, 6 fr.

Exercices latins, tirés des auteurs des derniers siècles de la littérature latine, à l'usage des classes inférieures ; par M. *G.-B. Depping*. 1 vol. in-12, parch. — Prix : 1 fr. 25 cent.

Théorie des Langues latine et française, contenant de nouvelles formes déclinatives et conjugatives par racines, et des Observations instructives sur les deux langues ; par M. *Buffet*, maître de pension ; seconde édition, revue et corrigée. 1 vol. in-12, parch. — Prix : 1 fr. 50 c.

Petite Grammaire des jeunes Demoiselles, ou Principes généraux de la Langue française, 1 vol. in-12, parch. — Prix : 75 c.

Choix décennal de Poésies légères, depuis l'an 1800. 1 vol. in-12, orné d'un frontispice et d'un titre gravés. — Prix : 3 fr.

Bijou des Enfans, ou Contes et Fables. In-64, avec 4 fig. et titre gravés. — Prix : 75 c.

Prières de l'Enfance, pour le matin, le soir, et les Offices. In-64, fig. et titre gravés. — Prix : 75 c.

Le Livre des petits Enfans, *Abécédaire simple et facile*, où les difficultés de la lecture sont graduées de manière à les rendre moins sensibles. 1 vol. in-12, avec des fig. qui aident l'enfant à mieux reconnaître les sons que forment les lettres unies par syllabes et par mots. — Prix, broc. et rog. 75 c.

Les Fleurs et les Fruits, Abécédaire et Syllabaire, avec de petites leçons de lecture tirées de l'Histoire des Plantes. 1 vol. in-12, orné de fig. — Prix, br. et rog. 75 c.

L'Abécédaire des petites Demoiselles, avec de jolies figures représentant leurs jeux les plus ordinaires, in-12. — Prix, broc. et rog. 75 c.

L'Abécédaire des petits Garçons, avec des fig. In-12. — Prix, broc. et rog. 75 cent.

L'Abécédaire des Campagnes, in-18, orné de 4 planch. grav. à l'eau-forte et coloriées. — Prix : 30 cent.

Abécédaire a l'usage des Ecoles chrétiennes, in-18, avec 4 fig. coloriées. — Prix : 30 c.

Le Guide en affaires, ou Manuel général, judiciaire, administratif, civil, commercial et militaire, avec des instructions et des formules. 1 vol. in-12. — Prix : 3 fr.

Le Manuel des Juges de paix, des Maires et de leurs Adjoints, considérés comme officiers de police judiciaire. Seconde édit. 1 vol. in-12. — Prix : 2 fr. 50 c.

LE NÉCROMANCIEN,

OU

LE PRINCE A VENISE.

MÉMOIRES DU COMTE D'O***,

PAR SCHILLER,

TRADUITS ET TERMINÉS

Par Mme. la Baronne DE MONTOLIEU.

TOME PREMIER.

Chez P. BLANCHARD et Compie., Libraires, rue Mazarine, n°. 30;
Et Palais-Royal, galerie de bois, n°. 249.
AU SAGE FRANKLIN.

1811.

AVERTISSEMENT.

L'OUVRAGE dont j'offre la traduction au Public est du célèbre *Schiller*; il n'a pas besoin d'autre recommandation. Mais moi, son faible traducteur, j'ai besoin de m'excuser d'avoir osé m'associer à son travail, et finir ce qu'il avait si bien commencé. Il n'est pas facile de deviner quels avaient été son intention et son but dans cette imparfaite et singulière production; on a cru dans le temps qu'elle était fondée sur la vérité, et plutôt une anecdote historique qu'un roman; on a même nommé le prince dont il est question; mais cette opinion est trop hasardée pour la répéter; il vaut mieux croire que c'est un fruit de l'imagination assez exaltée de Schiller, et qu'il trouva plus piquant de le laisser incomplet.

Un de mes amis, qui entend très-bien l'allemand, avait traduit ce morceau, et me le lut; il m'intéressa vivement, et m'inspira un grand désir de débrouiller tous ces fils et de l'achever. Schiller finit au moment du retour du comte d'O*** à Venise; il laissait entrevoir seulement qu'il s'était passé des événemens terribles en son absence. J'ai essayé de les détailler, de remettre sur la scène l'Arménien et Séraphina, dont il n'était plus question, et de lier ainsi le dénouement avec la première partie. Ce plan m'a obligée à changer quelque chose dans les dernières pages, à en ajouter quelques-unes, et à donner à l'ensemble de l'ouvrage le même ton de style. J'ai fait tout mon possible pour imiter celui de Schiller, et pour qu'il n'y eût pas trop de disparate. C'est à nos lecteurs à décider si j'ai réussi.

ISABELLE DE MONTOLIEU.

LES APPARITIONS,

OU

LE PRINCE A VENISE.

LIVRE PREMIER.

Je vais raconter une aventure qui paraîtra incroyable à beaucoup de lecteurs, et dont cependant j'ai été en grande partie témoin oculaire. Ceux qui sont instruits de certains événemens politiques (si toutefois ils sont en vie lorsque ces feuilles paraîtront), en trouveront ici l'explication ; et ceux qui n'ont pas cette clef, se plairont peut-être à la lecture de ce nouvel exemple des illusions et des égaremens de l'esprit humain. On s'étonnera de la témérité du plan que la malice humaine a pu former, et de la persévérance à en suivre l'exécution par des moyens qu'elle seule peut inventer. La pure, l'austère vérité guidera ma plume. Je ne puis avoir aucun intérêt à la déguiser ; lorsque ces pages seront lues, je n'existerai plus, et je n'apprendrai jamais quel a été leur sort.

J'étais en route pour revenir en Courlande, lorsque, passant à Venise, dans le temps du Carnaval, en 17.., je rendis visite au prince de*****, qui s'y trouvait alors. Nous avions fait connaissance lorsque nous servions ensemble dans la guerre de***. La paix avait suspendu cette relation. Comme je souhaitais de voir ce que Venise offre à la curiosité du voyageur, et que le départ du prince n'était suspendu que par l'attente de quelques lettres de change, il me persuada facilement de lui tenir compagnie, et de retarder mon départ jusqu'à l'arrivée de ses remises. Nous convînmes de ne point nous séparer pendant le temps que nous resterions à Venise, et il eut la bonté de m'offrir, à l'auberge *des Maures*, où il logeait, un appartement près du sien.

Le prince gardait dans cette ville le plus profond incognito pour jouir d'une liberté plus entière : il est vrai, d'ailleurs, que la médiocrité de ses revenus ne lui permettait pas de faire une dépense plus assortie à son rang. Toute sa suite consistait en deux gentilshommes, sur la discrétion desquels il pouvait compter, et quelques domestiques de confiance. Il n'aimait pas plus les plaisirs que la représentation, et jusqu'à l'âge de trente-cinq ans, qu'il avait alors, peu sensible à la beauté, il avait résisté à toutes les séductions de cette ville voluptueuse. Un sérieux profond, une mélancolie un peu exaltée formaient le fond de son caractère. Tranquille, mais fixe jusqu'à l'obstination, son choix était lent et timide, et ses attachemens chauds et éternels. Souvent seul, au milieu du tourbillon des hommes qui s'agitaient autour de lui, il s'occupait d'un monde idéal, et oubliait dans ses longues distractions le monde réel. Sachant combien il observait mal, il se permettait peu de juger, et souvent il portait l'indulgence jusqu'à l'extrême. Personne n'était plus fait pour être gouverné, et ce n'était pas faiblesse. Ferme, inébranlable dès qu'une fois il avait été convaincu, il eût combattu tel préjugé avec le même courage que dans une autre occasion il se serait fait tuer pour un autre.

Comme troisième prince de sa maison, il n'y avait pour lui aucune apparence qu'il pût être appelé à la première place, et son ambition ne s'étant jamais tournée de ce côté-là, ses passions avaient pris une autre direction. Content de n'être assujetti à aucune volonté étrangère, jamais il n'avait eu la prétention de donner la sienne comme loi, et tous ses vœux se bornaient à mener la vie tranquille d'un particulier indépendant. Il lisait beaucoup, mais sans trop de choix. Une éducation négligée, l'oisiveté de la vie militaire avaient retardé la maturité de son esprit, et les connaissances qu'il avait acquises dès lors n'avaient fait qu'augmenter la confusion de ses idées. Il était, comme toute sa famille, de la religion protestante, non par conviction, mais par sa naissance; car jamais, à cet égard, il ne s'était occupé sérieusement de la recherche de la vérité, quoiqu'à une certaine époque de sa vie, il ait eu des momens d'enthousiasme religieux. J'ignore encore s'il était franc-maçon.

Un soir, et sous nos masques, selon l'usage, nous nous promenions sur la place de Saint-Marc. La nuit était venue; la foule s'était dissipée : le prince remarqua un masque qui s'attachait à nos pas; il était seul et en habit d'arménien. En vain faisions-nous différens détours et pressions-nous notre marche pour l'éviter; ce masque était constamment derrière nous. - Auriez-vous ici quelque intrigue? me demanda enfin le prince étonné; les maris de Venise sont jaloux. — Je n'y connais pas une femme, lui répondis-je. — Asseyons-nous, et parlons allemand, me dit-il; il connaîtra bientôt qu'il s'est trompé. Nous nous plaçons sur un banc de pierre, nous attendant que le masque allait passer aussitôt devant nous et nous quitter : nous nous trompions ; il vint droit à notre banc, et se plaça à côté et très-près du prince. Ce dernier sort sa montre, et en se levant : Venez, il est neuf heures, me dit-il à haute voix et en français ; nous oublions que nous sommes attendus au Louvre. *Neuf heures !* répète le masque, dans la même langue et avec une expression lente ; *félicitez-vous, prince*, en le désignant par son vrai nom ; *c'est à neuf heures qu'il est mort ;* et au même instant il se lève et disparaît. Nous nous regardons en silence. Il est mort ! dit le prince... Qui est mort ? Suivons-le... demandons-lui une explication. Nous parcourons successivement tous les coins de la place de Saint - Marc : c'est en vain; notre masque ne se trouve plus.

Intrigués de cette aventure, nous retournons à l'auberge. Le prince marchait en silence à côté de moi; il paraissait agité et dans un combat violent; c'était bien là, en effet, la disposition de son ame, comme il me l'a avoué dans la suite. Nous arrivons à la maison: N'est-il pas bien ridicule, me dit-il, que le repos d'un homme de bon sens puisse être troublé par deux mots sortis de la bouche d'un insensé? Nous nous souhaitons le bon soir, et en rentrant dans ma chambre j'eus soin d'inscrire sur mes tablettes l'heure et le jour de cet événement bizarre : c'était un jeudi.

Le lendemain soir, le prince me dit : N'irons-nous point sur la place de Saint-Marc pour y rencontrer notre mystérieux Arménien? J'avoue que je ne suis pas sans impatience de savoir à quoi aboutira cette comédie. J'y consens : nous restons jusqu'à onze heures sur la place : point d'Arménien. Quatre jours de suite nous fîmes la même promenade sans l'apercevoir.

Le soir du sixième jour, en quittant l'hôtel, j'eus l'idée, je ne sais trop pourquoi, de dire au domestique où l'on pourrait nous trouver, dans le cas où nous serions demandés. Le prince, remarquant ma précaution, l'approuva avec un sourire. Il y avait foule sur la place lorsque nous arrivâmes. Nous n'y avions pas fait trente pas, lorsque j'aperçus l'Arménien, qui, perçant la foule avec empressement, paraissait chercher quelqu'un des yeux. Nous allions l'atteindre, lorsque le baron de F..., de la suite du prince, arriva auprès de nous, hors d'haleine, et remit une lettre au prince: Elle est cachetée de noir, lui dit-il; nous avons cru qu'elle était pressante. Le prince s'approcha d'un flambeau, et après en avoir lu les premières lignes... Mon cousin est mort! s'écrie-t-il.—Quand? demandai-je avec précipitation. Il regarde une seconde fois la lettre. — Jeudi passé, à neuf heures. —

Nous n'avions pas encore eu le

temps de nous remettre de notre étonnement, lorsque l'Arménien s'approche de nous. Vous êtes reconnu ici, monseigneur, dit-il au prince; retournez promptement à votre auberge : vous y trouverez les députés du sénat : ne vous refusez point aux honneurs que l'on veut vous rendre. Le baron de F... a oublié de vous dire que vos lettres de change sont arrivées; et à l'instant l'Arménien disparut au milieu de la foule.

Nous retournons en hâte à l'hôtel : tout se trouve comme l'Arménien l'avait annoncé. Trois nobles de la république attendaient le prince pour le complimenter et l'accompagner à l'assemblée, où il était attendu par toute la noblesse de l'État. A peine eut-il le temps de me faire comprendre, par un signe, qu'avant de me coucher je devais attendre son retour.

Il était près d'onze heures lorsque le prince rentra. Son air était sérieux et concentré. Après avoir fait sortir les domestiques de l'appartement : Comte, me dit-il en me prenant la main et en me répétant les paroles de Hamlet. « Il y a » plus de choses sur la terre et dans » le ciel que les philosophes n'en » ont jamais aperçu dans leurs » rêves. »

Monseigneur, lui répondis-je, vous paraissez oublier la perspective brillante que ce jour découvre à vos yeux. (C'est du prince héréditaire qu'il venait d'apprendre la mort.)

Ne m'en faites pas souvenir, dit le prince; et quand j'aurais gagné une couronne, cette couronne serait peu de chose au prix des idées qui m'occupent dans ce moment.... Est-ce le hasard qui a rendu l'Arménien prophète?—Y aurait-il une autre possibilité? repris-je en l'interrompant. — Si je le croyais, me dit-il vivement, je changerais toutes mes espérances de grandeur contre un capuchon de moine.

Je rapporte à dessein cette conversation, afin de faire voir combien, dans ce moment, l'ambition entrait peu dans les affections de son ame.

Le jour suivant, nous nous rendons de meilleure heure qu'à l'ordinaire sur la place de Saint-Marc;

une averse soudaine nous ayant obligé d'entrer dans un café, le prince se plaça derrière la chaise d'un Espagnol : il observait le jeu. J'étais passé dans une salle voisine, où je lisais les papiers publics. Un moment après j'entends du bruit. Avant l'arrivée du prince, l'Espagnol avait été constamment malheureux: dès cet instant le jeu avait pris une autre tournure, et l'Espagnol, profitant de ce retour inopiné de la fortune, avait augmenté son jeu de manière à mettre la banque en péril. Un Vénitien, qui la tenait alors, dit au prince, d'un ton piqué, qu'il lui portait malheur, et l'invita à quitter la table. Le prince le regarde froidement et reste. Le Vénitien lui répète l'apostrophe en français; le prince, sans le regarder, reste encore. — Dites-moi donc, messieurs, comment je dois me faire comprendre à ce balourd? dit le Vénitien, croyant que le prince n'entendait ni l'une ni l'autre langue; en même temps, se levant, il veut prendre le prince par le bras; celui-ci, perdant patience, saisit rudement le Vénitien et le jette par terre. Toute la maison se met en rumeur. J'entre au milieu du vacarme, et appelant involontairement le prince par son nom : Prenez garde, prince, lui dis-je imprudemment; songez que vous êtes à Venise. Le mot de prince produisit un silence général, auquel succéda, par degrés, un murmure qui ne me parut pas de bon augure. Tous les Italiens qui

se

se trouvaient là se réunirent en groupe dans un coin de la salle ; après quoi, sortant l'un après l'autre, il ne resta plus que nous deux, l'Espagnol et quelques Français. Vous êtes perdu, mon prince, dirent ceux-ci, si vous ne quittez pas la ville à l'instant : le Vénitien que vous avez maltraité est riche; pour cinquante sequins il vous fera assassiner. L'Espagnol et les Français s'offrirent de nous accompagner jusqu'à l'hôtel. Nous délibérions sur ce que nous avions à faire, lorsque la porte s'ouvrant, nous voyons entrer quelques officiers de l'inquisition d'état. Ils nous présentent un ordre du gouvernement, et nous invitent à les suivre sur-le-champ. On nous conduit jusqu'au canal, sous une forte escorte ; on nous fait entrer dans une gondole. Près d'arriver, on nous bande les yeux ; nous sortons : on nous fait monter un grand escalier de pierre et traverser une longue allée, que je jugeai, par le retentissement de nos pas, être pratiquée sur des voûtes ; enfin nous arrivons à un autre escalier, nous descendons vingt-six marches, nous entrons dans une salle, où l'on nous débande les yeux. Le premier objet qui s'offre à notre vue, est un cercle de vieillards vénérables, vêtus de noir, et assis autour d'une salle tendue d'un drap de même couleur, et faiblement éclairée. Un silence profond régnait dans cette imposante assemblée. Un des vieillards, vraisemblablement le premier des inquisiteurs, s'approche du prince et lui demande d'un ton solennel, en lui montrant le Vénitien qui venait aussi d'être introduit : Reconnaissez-vous cet homme pour celui qui vous a offensé ce soir dans un café? —

Oui, répondit le prince.

Puis se tournant vers le prisonnier : Est-ce là la personne que vous avez voulu faire assassiner ce soir?

Le prisonnier en convint.

Aussitôt le cercle s'ouvre, et un instant après nous voyons avec effroi tomber la tête du Vénitien.

Êtes-vous content de cette satisfaction? demande au prince l'inquisiteur.

Le prince était évanoui dans les bras de ses conducteurs.

Allez, dit-il ensuite d'un ton sévère, et en se tournant vers moi ; apprenez à juger moins légèrement par la suite de la justice qui se rend à Venise.

Quel était le mortel bienfaisant qui, en nous arrachant à une mort assurée, pouvait nous avoir procuré une justice si prompte, et nous avoir rendu de si importans services ? c'est ce qu'il nous fut impossible de deviner. Nous n'étions pas revenus de notre étonnement et de notre effroi, lorsque nous arrivâmes à l'hôtel ; il était minuit ; le chambellan de Z.... nous attendait avec impatience sur l'escalier.

Que vous avez bien fait d'envoyer, dit-il au prince en nous éclairant ; autrement la nouvelle que nous a apportée un instant après le baron de F...., de ce qui s'est passé à la place de Saint-Marc, nous eût jetés dans des transes mortelles...

Envoyé? dit le prince. Quand? je n'ai envoyé personne. —

Ce soir, après huit heures, vous nous avez fait dire de ne point être en peine si vous rentriez plus tard qu'à l'ordinaire.

Le prince me regarda. Serait-ce vous, peut-être, qui auriez eu cette précaution? Je l'ignorais parfaitement.

Il faut bien que cela soit, monseigneur, reprit le chambellan, puisque voici votre montre à répétition que vous avez envoyée par le même message. Le prince porta la main à sa poche ; elle n'y était plus, et il la reconnut en effet entre les mains de son chambellan. Qui l'a apportée ? demande-t-il avec étonnement.—Un masque, en habit d'arménien, qui s'est éloigné aussitôt après.

Quelle étrange surveillance ! s'écria le prince, après m'avoir regardé quelques instans en silence.

Les événemens de cette nuit le frappèrent au point de lui donner une fièvre qui dura huit jours, et l'obligea à garder la chambre. Pendant ce temps-là, notre hôtel ne désemplissait pas de gens de toute espèce, que la nouvelle de l'état du prince y attirait. Chacun lui faisait, à l'envi, des offres de service, et le premier soin du dernier venu était toujours de rendre suspectes les vues de celui qui venait de se retirer. Il pleuvait de toutes parts des billets doux ; on offrait de lui confier des secrets importans : chacun, à sa manière, cherchait à se faire valoir. Il ne fut plus question de ce qui s'était passé à l'inquisition d'état. La cour de***, désirant que le départ du prince fût retardé, différens banquiers reçurent l'ordre de lui faire des remises considérables. Il se vit, en quelque sorte, forcé de prolonger son séjour en Italie, et à sa prière je consentis à y rester avec lui.

Dès qu'il fut assez bien pour sortir, son médecin lui conseilla de prendre l'air, et l'engagea à faire, le long de la Brenta, une promenade sur l'eau. Le temps était beau, le prince y consentit. Au moment de monter dans la gondole, il s'aperçut, avec chagrin, qu'il lui manquait la clef d'une cassette qui contenait des papiers importans. Nous retournâmes pour la chercher ; il se souvenait parfaitement d'avoir ouvert cette cassette le jour précédent, et depuis lors il n'était pas sorti de sa chambre. Toutes nos recherches furent vaines, il fallut partir sans la clef. Le prince, dont l'ame était au-dessus du soupçon, la regardant comme perdue, nous pria de n'en plus parler.

La promenade fut extrêmement agréable ; chaque sinuosité de la rivière ajoutait un nouveau trait de beauté au tableau le plus richement varié. Le ciel était pur ; des jardins délicieux, un nombre infini de maisons de campagne décoraient les bords charmans de la Brenta. Derrière nous une forêt de mâts et les hautes tours de Venise s'élevaient majestueusement au-dessus des eaux ; tout le tableau était ravissant. Nous goûtions avec délices les charmes qu'une nature si belle répandait autour de nous ; nos sensations s'élevèrent insensiblement au ton de ces scènes riantes ; une gaîté douce présidait à nos propos : le prince lui-même, quittant son sérieux ordinaire, prenait une part active à nos plaisanteries et à nos jeux. Nous étions à environ deux milles de distance de la ville ; les sons d'une musique gaie viennent frapper notre oreille ; nous arrivons à un petit village où se tenait ce jour-là une foire; tout y était en mouvement. Une troupe de jeunes garçons et de jeunes filles, en costume de théâtre, viennent au-devant de nous, et nous saluent avec des danses pantomimes. L'idée était nouvelle : la grâce et la légèreté animaient tous leurs mouvemens. La danse n'était pas encore finie, quand la première des danseuses, vêtue en reine, s'arrêta, paraissant subitement retenue comme par une main invisible. Le plus profond silence régnait alors dans l'assemblée : la reine réstait immobile, les yeux fixés en terre. Tout à coup elle se lève, comme par inspiration, et parcourant, d'un regard agité, le cercle des assistans : Un roi est au milieu de nous! s'écrie-t-elle; et arrachant en même temps la couronne qui était sur sa tête, elle vient la déposer aux pieds du prince. Tous les spectateurs attachent leurs regards sur lui, cherchant à découvrir dans ses traits l'explication de cette scène. Un applaudissement universel succède à ce moment de silence. Je regarde le prince, son embarras était extrême; il cherchait à se dérober aux regards de la multitude qui l'entourait; et lui jetant une poignée d'argent, il veut se soustraire à son indiscrète curiosité. A peine avait-il fait quelques pas, qu'un vieux moine mendiant, perçant la foule, s'avance vers lui : Monsieur, lui dit-il, donnez quelque peu de votre argent à la sainte Vierge...... vous aurez besoin de ses prières.... Il prononça ces dernières paroles d'un ton qui nous frappa. La foule nous sépara de lui.

Notre suite cependant s'était augmentée. Un seigneur anglais, que le prince avait déjà vu à Nice, quelques marchands de Livourne, un chanoine allemand, un abbé français qui accompagnait quelques dames, et un officier russe, s'étaient joints successivement à nous. La physionomie de ce dernier personnage avait quelque chose de si extraordinaire, qu'elle attira toute notre attention. Je n'ai vu dans aucun autre visage autant de *traits* et si peu de *caractère* : on y trouvait en même temps une expression de bienveillance qui prévenait, et une froideur qui en arrêtait l'effet. Toutes les passions humaines paraissaient avoir agité l'être singulier qui portait cette étrange physionomie, et l'avoir ensuite abandonné. Il n'y restait plus que le regard tranquille et pénétrant de l'observateur consommé, et ce regard causait une espèce d'effroi, lorque par hasard on le rencontrait. Cet homme extraordinaire nous suivait de loin, et paraissait prendre assez peu d'intérêt à ce qui se passait.

Nous nous approchâmes d'une table où se tirait une loterie. Les dames prirent des billets, et leur exemple ayant entraîné le prince, il gagna une tabatière. Au moment où il venait de l'ouvrir, je le vis pâlir en reculant; la clef de sa cassette était dans la boîte.

Que veut dire cela? dit le prince, dans un moment où nous nous trouvions seuls. Une puissance supérieure me poursuit. Un être que je ne puis ni voir, ni éviter, surveille mes pas. Il faut, à quelque prix que ce soit, que je trouve l'Arménien et que je pénètre ce mystère.

Le soleil était sur son déclin; nous entrâmes dans un pavillon où l'on nous avait préparé une collation. Nous étions en tout seize personnes; le nom du prince en avait attiré plusieurs à notre suite. Outre celles dont j'ai parlé plus haut, un virtuose romain, quelques Suisses et un aventurier de Palerme, qui se faisait appeler *capitaine*, s'étaient joints à nous. On convint de passer ensemble la soirée, et de retourner à la ville aux flambeaux.

La conversation fut très-animée, et le prince n'ayant pu s'empêcher de raconter l'aventure de sa clef, elle causa un étonnement général. Une dispute assez vive s'éleva à cette occasion. La plus grande partie de l'assemblée décida que les événemens de cette nature n'étaient autre chose que des tours de gibecière; l'abbé, qui était en pointe de vin, défia tous les esprits du monde de lui faire peur; l'Anglais proféra quelques blasphêmes; le musicien fit le signe de croix; le petit nombre, duquel était le prince, convint que l'on devait suspendre son jugement dans les choses de cette nature. L'officier russe, pendant ce temps-là, causant tranquillement avec les dames, ne paraissait prêter aucune attention à la conversation générale. Dans la chaleur de la dispute, on n'avait pas remarqué que le Sicilien était sorti : il rentra, au bout d'une demi-heure, enveloppé dans un manteau; et se plaçant derrière la chaise du Français : Il y a un moment, lui dit-il, que vous avez défié tous les esprits; seriez-vous homme à tenir parole, et à vous mesurer avec celui qui accepterait votre défi? Tope, dit l'abbé, si vous voulez vous engager à le faire paraître. — C'est ce que je vais faire, répondit le Sicilien en se tournant de notre côté, si ces messieurs et ces dames consentent à nous laisser seuls un moment.

Pourquoi cela? dit aussitôt l'Anglais; un esprit qui a du courage ne craint pas une société joyeuse comme la nôtre.

C'est que je ne réponds pas des suites, répliqua le Sicilien.

Au nom de Dieu, ne nous faites pas voir d'esprits, s'écrièrent les dames, en se levant avec précipitation de leurs siéges.

Faites entrer votre esprit, dit l'abbé d'un air résolu; mais auparavant prévenez-le que nous avons ici de quoi nous défendre : en même temps il pria l'un de ses voisins de lui prêter son épée.

On verra bientôt, répondit froidement le Sicilien, si vous tiendrez ce que vous promettez; et se tournant vers le prince : Monseigneur, lui dit-il, vous croyez que votre clef est tombée entre des mains étrangères, soupçonneriez-vous la personne?

Non. —

N'avez-vous aucune idée là-dessus? —

J'ai bien, dit le prince, un très-léger soupçon à cet égard. —

Connaîtriez-vous celui auquel vous pensez, s'il paraissait devant vous?

Le Sicilien entr'ouvrit alors son manteau, et en tira un miroir qu'il présenta au prince : Est-ce cela? lui dit-il.

Le prince recule avec effroi.

Qu'avez-vous vu? lui demandai-je; l'Arménien?

Le Sicilien, retirant son miroir, le recouvrit de son manteau.

Est-ce la personne que vous pensiez? demande-t-on au prince de tous côtés. —

C'est bien elle.

A l'instant toutes les physionomies changèrent; il ne fut plus question de rien, et tous les yeux se tournèrent sur le Sicilien.

Monsieur l'abbé, dit l'Anglais, la chose devient sérieuse; si j'ai un conseil à vous donner, c'est de songer à la retraite.

Cet homme a le diable au corps, s'écria l'abbé; et il ne fit qu'un saut jusqu'à la porte.

Les dames se précipitèrent après lui, en jetant des cris de frayeur; le musicien suivit; le chanoine allemand ronflait sur sa chaise; le Russe resta tranquillement à sa place.

Votre dessein a été, sans doute, de le punir de ses fanfaronnades? dit le prince aussitôt qu'ils furent sortis; ou auriez-vous peut-être l'intention de nous tenir parole?

Cela est vrai, répondit le Sicilien, c'est une plaisanterie que j'ai voulu faire à l'abbé; je l'ai pris au mot, parce que je savais bien qu'il ne soutiendrait pas la gageure... Au reste, la chose est trop sérieuse en elle-même pour ne la traiter qu'en plaisantant.

Vous convenez donc, reprit le prince, que vous en avez le pouvoir?

Le magicien se tut quelques instans, en attachant sur le prince un œil fixe et pénétrant.

Oui, répondit-il enfin.

La curiosité du prince était montée à son comble. Les idées de cette nature avaient eu de tout temps un grand attrait pour lui : l'étude et l'expérience, depuis quelques années, les avaient écartées de son esprit; mais, à la première apparition de l'Arménien, elles s'en étaient emparées de nouveau. Il prit à part le Sicilien, et commençant avec lui une conversation sérieuse : Vous avez devant vous, lui dit-il, un homme qui brûle d'impatience de parvenir à quelque résultat satisfaisant sur cette importante matière. J'embrasserais comme mon bienfaiteur, comme le meilleur de mes amis, celui qui parviendrait à dissiper mes doutes et à me faire connaître la vérité. Pouvez-vous et voulez-vous me rendre un service aussi essentiel?

Que demandez-vous de moi? lui répondit le magicien d'un air réservé. —

Pour le moment, un seul échantillon de votre savoir : faites-moi voir une apparition. —

A quoi cela vous conduira-t-il? —

Vous jugerez ensuite, d'après une connaissance plus particulière, si je mérite d'être reçu à votre école. —

Mon prince, je suis rempli de vénération pour vous. Une force secrète qui se fait sentir dans vos traits, et qui est ignorée de vous-même, m'a, dès le premier moment, attaché à votre personne d'une manière irrésistible... Mais...

Faites-moi donc voir une apparition. —

Auparavant, il faut que je sois parfaitement sûr que votre demande ne part pas d'une simple curiosité. J'ai, il est vrai, des forces invisibles à ma disposition; mais je ne puis les déployer qu'avec une extrême prudence, ne les ayant obtenues que sous la condition expresse que je n'en ferais pas usage mal à propos. —

Mes vues ne sauraient être suspectes : je ne veux que la vérité.

Ici, ils s'approchèrent d'une fenêtre, et je cessai de les entendre. L'Anglais, qui avait écouté cette conversation, me prenant à part : Votre prince, me dit-il, est un excellent homme; il m'intéresse. Je gagerais ma tête qu'il a affaire à un fripon; et je veux tâcher de le tirer de là.

Le drôle se fait presser; vous verrez que nous n'obtiendrons rien de lui que nous ne lui présentions de l'argent. Nous sommes neuf, faisons-lui une somme entre nous; cela suffira, ou je me trompe fort, pour faire ouvrir les yeux au prince.

Aussitôt il prit une assiette sur laquelle il jeta lui-même six pièces d'or; chacun y mit quelques louis. Cette idée parut si plaisante au Russe, qu'il jeta sur l'assiette un billet de cent sequins, profusion qui frappa singulièrement notre Anglais. La

quête

quête achevée, il en porte le produit au prince : Ayez la bonté, lui dit-il, de demander pour nous à monsieur qu'il veuille bien nous donner quelque échantillon de son art, et accepter, en attendant, cette légère marque de notre reconnaissance.

Le prince prit l'assiette, y mit une bague de prix, et présenta le tout au Sicilien. Messieurs, dit ce dernier, après avoir réfléchi quelques secondes, votre générosité m'humilie ; mais je ferai ce que vous désirez. En même temps il tire la sonnette : Quant à cet argent, sur lequel je n'ai assurément aucun droit, vous me permettrez de l'envoyer à un couvent de Bénédictins du voisinage, comme un don destiné à des œuvres de bienfaisance. Je garderai cependant la bague, comme un souvenir précieux de la main dont elle est sortie. Là-dessus l'hôte étant entré, le Sicilien lui remit l'argent.

Il n'en est pas moins un fourbe pour cela, me dit l'Anglais à l'oreille; il refuse l'argent, parce qu'il a des projets d'une plus grande importance sur le prince.

Que désirez-vous donc? dit le magicien en s'adressant à ce dernier.

Le prince réfléchit quelques instans.

Choisissons quelque grand homme, dit le lord: demandez le pape Ganganelli; cela doit être égal à monsieur.

Le Sicilien se mordit la lèvre. Je n'ose, répondit-il, citer personne qui ait reçu les ordres.

Cela est fâcheux, reprit l'Anglais ; il nous aurait peut-être appris de quelle maladie il est mort.

Le marquis de Lanoy, dit alors le prince, était, dans la dernière guerre, brigadier au service de France. J'ai été intimement lié avec lui. Il fut blessé mortellement à la bataille de Hastenbeck : on l'apporta dans ma tente, et il y mourut entre mes bras. Prêt à rendre le dernier soupir, il me fit approcher de lui : Prince, me dit-il, je ne reverrai plus ma patrie ; apprenez un secret dont je suis le seul dépositaire. Dans un couvent, sur les frontières de la Flandre, vit un.... Dans cet instant il expira. Je désirerais le voir, et je serais très-curieux d'entendre la suite du discours qu'il avait commencé, et dont la mort a coupé le fil.

Bien, mon prince ! s'écria l'Anglais ; s'il satisfait à votre demande, je le reconnais hautement pour le plus habile homme du monde.

Nous nous joignîmes tous à l'Anglais ; et tandis que nous applaudissions avec lui à l'idée du prince, le magicien, se promenant dans tous les sens, paraissait incertain et combattu.

C'est donc là, dit-il enfin, tout ce que vous apprîtes du marquis ? —

Tout. —

N'avez-vous fait depuis, à ce sujet, aucune recherche dans sa patrie ? —

Elles ont été inutiles. —

La vie du marquis de Lanoy avait-elle toujours été sans reproche? Je ne puis évoquer indistinctement tous les morts. —

Il témoigna en mourant beaucoup de regrets sur les écarts de sa jeunesse. —

Porteriez-vous par hasard sur vous quelque souvenir de lui? —

Oui. — Le prince avait effectivement une tabatière sur laquelle était le portrait en émail du marquis; et à table, il l'avait posée à côté de lui.

Je ne demande pas à le voir. Laissez-moi un moment seul, vous verrez ce que vous avez désiré.

Il nous pria de passer dans le pavillon voisin, jusqu'à ce qu'il nous fit appeler, et aussitôt il fit enlever tous les meubles de la salle, ôter les fenêtres et fermer exactement tous les volets. Il ordonna ensuite à l'aubergiste, avec lequel il paraissait assez familier, de lui apporter un réchaud garni de charbons ardens, et d'éteindre soigneusement avec de l'eau tout autre feu dans la maison. Mais avant de sortir, il exigea de chacun de nous sa parole d'honneur de garder le secret sur tout ce dont nous serions témoins.

Onze heures avaient sonné : un silence profond régnait dans toute la maison ; les portes du pavillon avaient été fermées sur nous au verrou. Le Russe m'avait demandé, en sortant, si nous avions des pistolets ; et après m'avoir observé que cette précaution ne serait peut-être pas inutile, il s'était éloigné pour en aller chercher. Le baron de F... et moi, ayant ouvert une fenêtre qui donnait sur l'autre pavillon, nous crûmes entendre deux hommes parler ensemble à voix basse, et un bruit comme si l'on dressait une échelle contre un mur. Ce n'était qu'une conjecture; nous n'aurions pas osé prendre sur nous de l'attester. Le Russe revint au bout d'une demi-heure avec une paire de pistolets, qu'il chargea aussitôt à balle en notre présence. Il était près de deux heures lorsque le magicien vint nous avertir que tout était prêt pour l'opération. Avant d'entrer, il nous fit ôter nos souliers, nos habits et nos vestes.

On tira les verroux comme la première fois.

En entrant dans la salle, nous trouvâmes, tracé avec du charbon, un grand cercle qui pouvait aisément nous contenir tous : nous y entrâmes. Tout autour on avait enlevé les briques du parquet, de manière que nous paraissions être dans une île. Un autel couvert d'un drap noir était placé sur un tapis de satin rouge, exactement au milieu du cercle. Sur cet autel étaient une tête de mort, une bible chaldaïque ouverte, et un crucifix d'argent. Au lieu de bougies, brûlait de l'esprit-de-vin dans une capsule aussi d'argent. Une épaisse vapeur d'encens obscurcissait la salle, et étouffait presque la lumière. Le magicien était en chemise comme nous, mais à pieds nus. Sur sa poitrine découverte, une amulette pendait à une chaîne tissue de cheveux ; autour de sa ceinture était attaché un tablier blanc, sur lequel différens chiffres étaient bizarrement tracés parmi des figures symboliques. Il nous ordonna de nous tenir tous par la main, et d'observer le plus profond silence, nous recommandant particulièrement de n'adresser à l'apparition aucune question. L'Anglais et moi étant ceux dont il se défiait probablement le plus, il mit à chacun de nous deux une épée nue dans la main, en nous prescrivant de les tenir soigneusement croisées au-dessus de sa tête, pendant que s'exécuterait l'opération. Nous étions rangés en demi-cercle autour de lui. Le Russe se plaça à côté de l'Anglais, et se tint très-près de l'autel. Alors le magicien, le visage tourné vers l'orient, se tenant sur le tapis, fit des aspersions d'eau bénite vers les quatre points cardinaux, et s'inclina trois fois sur la Bible. L'évocation, à laquelle nous ne comprîmes exactement rien, dura environ un demi-quart-d'heure. Après l'avoir achevée, il fit signe à ceux qui étaient derrière lui de le saisir fortement par les cheveux. Au milieu des plus violentes convulsions, il appela trois fois le mort par son nom; et à la troisième fois il étendit la main du côté du crucifix.

Alors, et dans le même instant, une commotion violente nous obligea de quitter nos mains; un coup de tonnerre fit trembler la maison, les serrures résonnèrent, et les portes furent fortement ébranlées; le couvercle de la capsule tomba, la lumière s'éteignit, et nous vîmes paraître, sur la paroi opposée, une figure humaine, couverte d'une chemise ensanglantée, le visage pâle, et présentant l'aspect d'un mourant.

Qui m'appelle? dit une voix creuse et qu'à peine nous pouvions entendre.

Un ami, répondit le magicien en nommant le prince; un ami qui honore ta mémoire et qui prie pour ton ame.

Un long intervalle précédait chaque réponse.

Que demande-t-il? continua la voix. —

La fin d'un aveu que tu as commencé dans ce monde, et que tu n'as pas achevé. — Dans un couvent et sur les frontières de Flandre, vit... —

Ici la maison trembla de nouveau; la porte s'ouvrit d'elle-même avec un coup de tonnerre violent; un éclair traversa la chambre, et une autre figure humaine, sanglante et pâle comme la première, mais plus effrayante, parut sur le seuil de la porte; l'esprit-de-vin recommença de lui-même à brûler, et la salle fut éclairée comme auparavant.

Qui est parmi nous? s'écria le magicien d'une voix altérée, et en parcourant l'assemblée d'un regard rapide et plein d'effroi; ce n'est pas toi que j'ai voulu. La figure s'avance d'un pas majestueux jusqu'à l'autel, se place sur le tapis, vis-à-vis de nous, et saisit le crucifix. La première figure avait disparu.

Qui m'appelle? dit la seconde apparition.

Le magicien fut alors saisi d'un tremblement violent; l'étonnement et l'effroi s'étaient emparé de nous tous. Je portai la main sur un pistolet; le magicien, me l'arrachant des mains, le lâcha sur le fantôme. La balle roula lentement sur l'autel; et la fumée du coup dissipée, la figure reparut là même. Le magicien tomba alors sans connaissance sur le parquet.

Qu'est-ce donc que cela? dit l'Anglais frappé d'étonnement. Et en disant ces mots, il veut porter à l'apparition un coup de l'épée qu'il tenait dans sa main. La figure lui toucha le bras, et l'épée tomba à ses pieds. Je conviens que dans ce moment une sueur froide me saisit, et le baron de F..., à ce qu'il m'a avoué dans la suite, recommanda son ame à Dieu. Pendant tout ce temps, le prince paraissait tranquille, ses yeux étaient fixés sur l'apparition, et n'en étaient point effrayés. Oui, je te reconnais, dit-il enfin d'une voix émue; tu es Lanoy, tu es mon ami: d'où viens-tu?—

L'éternité est muette ; interroge-moi sur le passé. —

Quelle est la personne qui vit dans le couvent dont tu m'as parlé ? —

Ma fille. —

Quoi ! tu as été père ? —

Malheureusement pour moi, je ne l'ai pas été. —

N'es-tu donc pas heureux, Lanoy ? —

Dieu a jugé. —

Puis-je, dans ce monde, te rendre quelque service ? —

Aucun... que celui de penser à toi. —

Comment dois-je penser à moi ? —

Tu l'apprendras à Rome.

Ici, un nouveau coup de tonnerre se fit entendre ; une épaisse fumée remplit la salle ; et quand elle fut dissipée, la figure avait disparu. J'ouvris le volet; il était jour.

Le magicien revint alors de son évanouissement. Où sommes-nous? s'écria-t-il en voyant la lumière. L'officier russe était derrière lui: *Malheureux!* lui dit-il d'une voix effrayante, *tu ne conjureras plus d'esprits.*

Le Sicilien, se tournant à ces mots, regarde fixement l'officier; puis, jetant un cri perçant, il se précipite à ses pieds.

Tous nos yeux se portent à l'instant sur l'officier russe: le prince reconnut sans peine en lui les traits de son Arménien, et les paroles qu'il allait prononcer expirèrent aussitôt sur ses lèvres. Etonnés et muets, nous fixions des yeux immobiles sur cet être mystérieux, tandis qu'il promenait sur nous ses regards avec une expression imposante d'énergie calme et de grandeur. Le silence dura quelques minutes; aucun de nous ne se fût permis de l'interrompre; à peine osions-nous respirer.

Quelques violens coups de marteau qui se firent entendre à la porte, nous rappelèrent à nous-mêmes, et la salle s'ouvrant au moment même avec fracas, nous voyons entrer des officiers que suivait la garde de police. Les voici tous ensemble, s'écria leur chef en se tournant vers sa suite; au nom du gouvernement, je vous arrête. Dans un instant, nous fûmes entourés. L'officier russe, que j'appellerai maintenant l'Arménien, prit le chef des archers à part, et lui présentant un papier, il lui dit quelques mots à l'oreille. L'archer, après lui avoir fait une inclination de tête muette et respectueuse, se tourna aussitôt de notre côté. Pardonnez-moi, messieurs, nous dit-il en ôtant son chapeau, si je vous ai confondu un instant avec cet imposteur. Je ne vous demanderai pas qui vous êtes; monsieur me dit que vous êtes des gens d'honneur, et son témoignage me suffit. En même temps, faisant signe à ses gens de nous laisser, il leur ordonna de lier le Sicilien, et de le garder avec le plus grand soin. Le drôle est mûr, ajouta-t-il; il y a sept mois que nous le guettons.

Ce malheureux était dans un état vraiment digne de compassion. L'effroi de la seconde apparition, joint à l'entrée inattendue des sbires, lui avait ôté la présence d'esprit. Il se laissa lier comme un enfant. Ses yeux étaient fixes et consternés, son visage comme celui d'un mort, et ses lèvres, horriblement agitées, se remuaient sans articuler aucun son. A chaque instant il paraissait prêt à tomber dans un accès de convulsions. Le prince eut pitié de lui, et se faisant connaître à l'officier de police, il essaya d'en obtenir qu'il le relâchât.

Monseigneur, lui répondit celui-ci, savez-vous quel est l'homme pour lequel vous vous intéressez avec tant de générosité? La fourberie qu'il vous préparait est peut-être le moindre de ses crimes. Nous tenons déjà ses complices; tous rapportent de lui des choses atroces. Il sera bien heureux s'il en est quitte pour les galères.

Dans ce moment, nous vîmes l'aubergiste et quelques gens de la maison, liés de cordes, qui traversaient la cour. — Pourquoi celui-ci? dit le prince. — Il était complice et recéleur, répondit le chef des archers; il l'aidait dans ses tours et ses friponneries, et en partageait le bénéfice. Vous allez en être convaincu à l'instant même, mon prince; et en se tournant vers ses gens: Qu'on fouille, dit-il, la maison, et qu'on me fasse un rapport exact de tout ce qui s'y trouvera.

Le prince voulut s'adresser à l'Arménien: il n'était plus dans la salle;

il avait trouvé le moyen de se dérober, sans être aperçu, au milieu de la confusion générale. Le prince était inconsolable de son départ ; il voulait sur-le-champ envoyer tout son monde après lui ; il aurait voulu y courir lui-même, et m'e raîner avec lui sur ses traces. Je m'approchai de la fenêtre ; la maison était entourée de curieux que le bruit des événemens qui venaient de se passer avait déjà rassemblés dans ce lieu.

En faisant observer cette circonstance au prince, j'ajoutai que, si l'Arménien avait eu réellement le dessein de nous échapper, connaissant mieux le pays que nous, il lui serait bien facile de se soustraire à nos recherches. Restons plutôt ici, mon prince, continuai-je; peut-être l'officier de police auquel, si je ne me suis pas trompé, l'Arménien s'est fait connaître, pourra nous fournir quelques renseignemens plus positifs à son sujet. Remarquant alors que nous étions à demi-nus, nous courûmes à la chambre où nous avions laissé nos habits, et la fouille de la maison se trouva terminée à notre retour.

Après avoir déplacé l'autel et enlevé les briques du parquet de la salle, on avait découvert une voûte, dans laquelle un homme assis pouvait se tenir commodément, et qui aboutissait à la cave, par une porte étroite et un escalier dérobé. Dans cette voûte se trouvait une machine électrique avec une pendule et une petite cloche d'argent : celle-ci, ainsi que la machine électrique, communiquaient à l'autel, et, par son moyen, au crucifix d'argent qui y était attaché. Le volet de la fenêtre, opposé à la cheminée, présentait une ouverture à laquelle, comme nous le sûmes dans la suite, avait été adaptée une lanterne magique, et c'est de là que partait l'image qui avait d'abord paru sur la muraille. En différens endroits, du grenier à la cave, on trouva des caisses de tambour auxquelles, par des cordons, étaient attachées de grosses balles de plomb, au moyen desquelles on avait produit les coups de tonnerre que nous avions entendus. Dans les poches du Sicilien étaient, dans un étui, des poudres de différentes espèces, du mercure dans un flacon de verre, et une bague que nous découvrîmes par hasard être aimantée ; on trouva encore sur lui un rosaire, une barbe de juif, des pistolets et un poignard. Voyons si les pistolets sont chargés, dit un des archers, en lâchant un coup dans la cheminée. Ah mon Dieu ! s'écrie alors une voix creuse que nous reconnûmes bientôt pour être celle de la première apparition ; et au même instant tombe de la cheminée un homme couvert de sang. Pauvre esprit ! lui dit l'Anglais, pendant que nous cherchions à nous remettre de notre surprise ; « tu n'es pas encore à ton repos : retourne, retourne à la tombe ; tu as paru ce que tu n'étais

tais pas, tu vas être ce que tu paraissais. »

O mon bon Jésus! je suis blessé, répéta l'homme étendu sur le foyer de la cheminée. La balle lui avait cassé la jambe droite. On envoie à l'instant chercher quelqu'un pour le panser.

Qui es tu donc et quel mauvais génie t'a conduit ici? lui demande-t-on. — Un pauvre capucin, répond le blessé. Un monsieur étranger m'a offert un sequin pour..... prononcer certaines paroles. —

Et pourquoi n'es-tu pas sorti lorsque tout a été fini? —

Il devait me donner un signe... il ne l'a pas fait, et... quand j'ai voulu sortir... l'échelle n'y était plus. —

Et quelles étaient ces paroles que tu devais prononcer?

Ici, il tomba en défaillance, et il n'y eut pas moyen d'en apprendre davantage de lui. Le prince, pendant ce temps, s'étant tourné du côté du chef des archers : Vous nous avez tiré des mains d'un grand fourbe, lui dit-il en lui glissant quelques pièces d'or, et vous nous avez rendu justice avant de nous connaître. Que nous vous ayons encore une obligation ; apprenez-nous qui est cet inconnu qui, en vous disant deux mots à l'oreille, nous a procuré notre liberté.

Qui entendez-vous? demanda l'archer d'un air qui nous fit comprendre que toute question là-dessus était inutile.

— Cet homme, en uniforme russe, qui vous a pris à part tout à l'heure, et en vous présentant un papier, a obtenu de vous que nous fussions sur-le-champ relâchés. —

Quoi! vous ne le connaissez donc pas? il n'était pas de votre compagnie? —

Non, dit le prince; et de très-fortes raisons me font désirer de le connaître particulièrement. —

Je ne le connais pas davantage; je ne sais pas même son nom, et aujourd'hui je l'ai vu pour la première fois de ma vie. —

Comment donc! en si peu d'instans et au moyen de deux mots qu'il vous a fait entendre, il a pu vous convaincre de son innocence et de la nôtre? —

Cela est vrai, et même par un seul mot. —

Et ce mot, quel est-il? j'avoue qu'il excite singulièrement ma curiosité. —

Cet inconnu, dit l'archer en balançant daus la main les sequins qu'il venait de recevoir..... Mon prince, vous vous êtes montré trop généreux à mon égard, pour que je vous en fasse un mystère... Cet inconnu est un officier de l'inquisition d'état. —

De l'inquisition d'état! cet homme! —

Oui, monseigneur; et le papier qu'il m'a fait voir m'en est la preuve. —

Cet homme! dites-vous... La chose n'est pas possible. —

Prince, je vous en dirai même plus : c'est par suite de la dénonciation de cet homme que j'ai été envoyé pour arrêter le prétendu magicien.

Nous ne pouvions revenir de notre étonnement.

Voilà donc pourquoi, observa l'Anglais, ce pauvre diable de conjureur d'esprits a été si effrayé en le regardant de plus près; aussitôt qu'il l'a reconnu pour un espion, nous l'avons vu se précipiter à ses pieds.

Ecartez cette idée, s'écria le prince. Cet homme est tout ce qu'il veut être, et tout ce que le moment exige qu'il soit. Ce qu'il est réellement, aucun mortel, je crois, ne le sait. Avez-vous remarqué la terreur qui a saisi le Sicilien au moment où il a entendu ces paroles : *tu ne conjureras plus d'esprits ?* Il y a ici plus que vous ne pensez ; non, jamais on ne me persuadera qu'un tel effroi puisse être l'effet de causes humaines.

C'est ce dont le magicien lui-même, reprit l'Anglais, pourrait nous rendre raison mieux que personne, si monsieur, en s'adressant au chef des archers, voulait nous permettre de parler un moment à son prisonnier. L'archer le permit, et l'on prit heure à cet effet pour le lendemain matin.

Nous retournâmes à Venise.

Le lendemain de très-bonne heure arriva le lord Seymour, c'était le nom de l'Anglais, et bientôt après une personne de confiance envoyée par l'officier de police, pour nous conduire à la prison. J'ai oublié de dire auparavant que, depuis quelques jours, il manquait au prince un de ses chasseurs. Cet homme, originaire de Brême, qui le servait avec fidélité depuis plusieurs années, avait obtenu toute sa confiance. Soit qu'il eût été enlevé, ou qu'il eût été victime de quelque accident, soit qu'il fût parti de lui-même, on ne savait ce qu'il était devenu. Cette dernière conjecture cependant semblait être la moins probable; il avait des mœurs régulières, et jusque-là il n'avait donné à son maître aucun sujet de mécontentement. Tout ce dont se rappelaient ses camarades, c'est que, depuis quelque temps, à l'ordinaire triste et rêveur, dès qu'il avait un moment dont il pouvait disposer, il allait dans la Giudecca visiter un couvent de Frères mineurs, où il avait fait connaissance avec quelques religieux de la maison. Cette circonstance nous fit soupçonner que, gagné peut-être par ces prêtres, il avait pris le parti de se faire catholique; et le prince, qui, sur cet article, portait la tolérance jusqu'à l'*indifférentisme*, après quelques recherches infructueuses, s'était arrêté à cette pensée.

La perte de cet homme lui avait cependant été fort sensible. Dans toutes ses campagnes il l'avait eu à côté de lui; son service était sûr et agréable, et il était difficile de trouver dans un pays étranger quelqu'un qui pût le remplacer. Ce même matin, au moment où nous

nous préparions à sortir, on annonça le banquier du prince, qui avait reçu la commission de lui chercher un autre domestique. Il venait lui présenter pour cette place un homme de moyen âge, de bonne mine et assez bien mis, qui avait long-temps servi un procurateur en qualité de secrétaire : il parlait français, un peu allemand, et présentait les meilleurs témoignages. Sa physionomie plut; et comme d'ailleurs il déclara s'en remettre pour le salaire à la volonté du prince, qui le réglerait sur l'utilité de ses services, il fut admis sans difficulté.

Nous trouvâmes le Sicilien dans une prison particulière. C'était, à ce que nous apprit l'officier de police, par égard pour le prince qu'on avait différé de le mettre *sous les plombs*, où il n'aurait plus été possible de le voir. Cette prison est la plus terrible de Venise : placée immédiatement sous le toit du palais de S.-Marc, un soleil ardent en réchauffe le couvert de plomb, au point de la rendre brûlante, et de faire perdre l'esprit aux malheureux qu'elle renferme. Le Sicilien s'était un peu remis des événemens de la veille : il se leva avec respect dès qu'il vit le prince. Il avait un pied et une main enchaînés, de manière cependant à pouvoir se promener dans la chambre. A notre arrivée la garde sortit.

Je viens, dit le prince, vous demander une explication sur deux points : vous me la devez sur le premier, et votre affaire n'en deviendra pas plus mauvaise si vous me satisfaites sur le second.

Mon rôle est achevé, répondit le Sicilien; mon sort est entre vos mains. —

Votre sincérité seule peut l'adoucir. —

Demandez, mon prince, je suis prêt à vous répondre.... je n'ai plus rien à perdre. —

Vous m'avez fait voir la figure de l'Arménien dans votre miroir; comment avez-vous opéré cette vision? —

Ce que vous avez vu n'était pas un miroir; c'était un portrait en pastel représentant sous un verre un homme en habit d'arménien; un peu d'adresse, l'obscurité, votre étonnement même ont favorisé l'illusion. Ce portrait doit se trouver parmi les autres objets que j'ai été forcé de laisser à l'auberge. —

Comment avez-vous pu deviner que ma pensée se portait sur cet Arménien ? —

Cela n'était pas fort difficile, mon prince ; plus d'une fois, à table sans doute, et en présence de vos domestiques, il a été question de votre aventure avec l'Arménien. Un de mes gens avait par hasard fait connaissance, à la Giudecca, avec un chasseur de votre maison, et à diverses reprises il a su en tirer ce qui était nécessaire à mes projets. —

Où est ce chasseur ? demanda avec empressement le prince ; il me manque, et vous savez sans doute ce qu'il est devenu. —

Je vous jure, mon prince, que je l'ignore complètement; moi-même je ne l'ai jamais vu, et je n'eus jamais sur lui d'autres vues que celle que je viens de vous faire connaître. —

Continuez donc, dit le prince. —

C'est par cette voie que j'eus la première nouvelle de votre séjour et de vos aventures à Venise; et à peine en eus-je connaissance, que je formai le dessein d'en tirer parti. Vous voyez, prince, quelle est ma sincérité. J'ouïs parler de votre promenade sur la Brenta; je me promis de profiter de cette occasion; et une clef que vous laissâtes tomber par hasard, mit bientôt entre mes mains un moyen d'éprouver auprès de vous le succès de mon savoir-faire.

Comment ! je m'étais donc trompé? Ainsi le tour de la clef était de vous, et non pas de l'Arménien? J'avais, dites-vous, laissé tomber cette clef?...—

En tirant votre bourse. Je pris un moment où personne ne m'observait, pour la couvrir avec le pied. La personne auprès de laquelle vous tirâtes le billet de loterie était d'intelligence avec moi; dans le sac qu'elle vous présenta il n'y avait point de billets blancs, et la clef était dans la boîte avant que vous eussiez gagné le lot.—

Je comprends à présent. Et ce moine qui se jeta dans mon chemin, et qui m'adressa la parole d'un ton et d'un air si solennels?...—

C'est précisément le même qui,

à ce que j'ai appris, a été blessé dans la cheminée; c'est un de mes camarades qui, sous ce déguisement, m'a déjà rendu plusieurs services. —

Quel était votre dessein en le mettant en œuvre dans ce moment? —

Pour vous disposer à réfléchir. En vous mettant dans une situation d'ame favorable à mes desseins, je voulais vous préparer d'avance à l'étonnement dans lequel je me proposais de vous jeter. —

La danse-pantomime qui se termina d'une manière si inattendue, était donc aussi de votre invention? —

J'avais fait la leçon à la jeune fille qui jouait le rôle de reine. Je présumai que votre altesse ne serait pas médiocrement surprise de se voir reconnue dans ce lieu, et..... pardonnez-le, mon prince, votre aventure avec l'Arménien me faisait espérer que je vous trouverais déjà disposé à rejeter les explications naturelles de ce qui s'offrirait à vous d'extraordinaire, pour en imaginer de surnaturelles. —

En vérité, s'écria le prince en me jetant un coup d'œil expressif, où se mêlaient l'étonnement et le dépit, c'est à quoi je ne me serais jamais attendu (1).

---

(1) Non plus sans doute que la plupart de mes lecteurs. En effet, cette couronne déposée aux pieds du prince d'une manière si singulière, si frappante, et les prédictions de

Mais, reprit le prince après un long silence, comment avez-vous fait paraître la figure que nous avons vue sur la paroi au-dessus de la cheminée ? —

Par la lanterne magique ajustée au volet opposé, où l'on avait pratiqué une ouverture. —

---

l'Arménien me paraissaient tendre si naturellement au même but, qu'à la lecture de ces Mémoires, la première idée qui se présenta à mon esprit fut celle des sorcières de Macbeth, lorsqu'elles le saluèrent par ces paroles : « Honneur au Than de Glamis, qui sera roi un jour ! » Il en sera de même, j'en suis sûr, d'un grand nombre de mes lecteurs. Lorsqu'une certaine idée est entrée dans l'ame d'une manière frappante, toutes celles qui se présentent ensuite, n'eussent-elles avec celles-là qu'un rapport assez éloigné, doivent né-

— Mais comment donc s'est-il fait que nous ne l'ayons point aperçue? dit lord Seymour. —

Vous vous rappelez, mon prince, qu'une épaisse fumée d'encens remplissait la salle à votre retour; et pour que le volet parût moins encore, j'avais eu la précaution de

---

cessairement prendre le même caractère. Le Sicilien, en faisant voir au prince qu'il était connu, n'avait eu d'autre but que de frapper son imagination, et sans doute il avait ainsi concouru aux vues de l'Arménien. Ainsi, quoique l'histoire perde sans doute beaucoup de son intérêt par la simplicité d'un dénouement que l'on aurait cru d'un genre plus relevé, j'ai été obligé, comme historien, de rapporter le fait tel qu'il est parvenu à ma connaissance.

Note de l'Editeur.

ranger près de la même fenêtre les briques enlevées du parquet. Au reste, la lanterne magique fut masquée par une espèce d'espagnolette, jusqu'au moment où vous eûtes pris vos places, et où je n'avais plus de visite à craindre dans la chambre. —

J'ai cru entendre de la fenêtre de l'autre pavillon un bruit, comme celui d'une échelle qu'on mettrait en place; en était-ce une effectivement?

— Précisément : mon camarade monta par cette échelle à la fenêtre, d'où il faisait jouer la lanterne. —

La figure, dit le prince, me parut en effet avoir quelque ressemblance avec l'ami que j'ai perdu; la couleur blonde de ses cheveux m'a surtout frappé : est-ce un effet du hasard? ou si vous saviez cette circonstance, comment êtes-vous parvenu à la connaître? —

Votre altesse se rappelle sans doute qu'elle avait auprès d'elle, à table, une boîte sur laquelle était peint en émail un officier en uniforme de... Je vous demandai si vous portiez sur vous quelque souvenir de votre ami; à votre réponse, qui fut affirmative, je supposai que c'était la boîte. A table, je l'avais examinée avec attention, et comme je dessine assez bien, et que je réussis surtout au portrait, il me fut d'autant plus aisé de donner à la figure cette légère ressemblance qui vous a frappé, que les traits du marquis sont, comme vous savez, très-prononcés. —

Mais la figure paraissait se mouvoir! —

Simple apparence seulement. Cet effet était dû à la fumée qui était en mouvement entre elle et vos yeux. —

Et l'homme de la cheminée répondait donc pour le spectre? —

Précisément. —

Mais pouvait-il entendre les questions? —

Cela n'était nullement nécessaire. Vous vous rappelez, prince, que je vous avais défendu d'interroger par vous-même l'apparition. Mes demandes, ses réponses, tout était arrangé d'avance entre nous, et pour prévenir toute méprise, nous étions convenus encore de mettre entre elles un intervalle dont il devait mesurer la durée au moyen d'une pendule dont il pouvait compter les secondes. —

Vous aviez ordonné à l'aubergiste d'éteindre soigneusement avec de l'eau le feu de toutes les cheminées de la maison ; c'était sans doute... —

Pour que mon camarade ne courût pas le risque d'être étouffé à son poste, parce que tous les canaux des autres cheminées pouvaient se réunir à celui-là... Je n'étais pas parfaitement sûr de leur direction. —

Mais comment arriva-t-il, demanda lord Seymour, que votre esprit ne parut ni plus tôt ni plus tard que le moment où vous en eûtes besoin. —

Il était déjà dans la chambre avant la conjuration ; mais il ne devint visible sur la paroi qu'au moment où, après avoir fini l'évocation, je laissai tomber le couvercle sur la capsule dans laquelle brûlait l'esprit-de-vin. —

Au moment où l'esprit parut, nous éprouvâmes tous une subite et violente commotion; comment opérâtes-vous cet effet? —

Vous avez découvert une machine électrique sous l'autel, et vous savez d'ailleurs que j'étais sur un tapis de soie. Je vous fis ranger en demi-cercle autour de moi, et vous vous teniez par la main; quand il en fut temps, je fis signe à l'un de vous de me saisir par les cheveux : le crucifix d'argent était le conducteur; ce fut au moment où j'y portai la main, que vous reçûtes le coup. —

Vous nous prescrivîtes au comte

d'O.. et à moi de tenir au-dessus de votre tête deux épées en croix aussi long-temps que durerait l'opération; quel était le motif de cette précaution? —

C'était uniquement parce qu'étant les deux témoins dont je me défiais le plus, il m'importait de vous tenir occupés pendant toute la suite de l'opération. C'est dans le même but que je vous prescrivis de tenir vos épées à un pouce de distance de ma tête : en fixant ainsi votre attention, je voulais vous empêcher de porter vos regards d'un autre côté. Je n'avais pas encore reconnu mon ennemi le plus dangereux. —

J'avoue, dit lord Seymour, que la précaution n'était pas mauvaise.

— Mais

— Mais pourquoi nous fîtes-vous déshabiller? —

Je n'avais pas d'autre vue en cela que de donner à la cérémonie un air de solennité, et d'ouvrir, par cet appareil, un champ plus vaste à votre imagination.

La seconde apparition vint interrompre votre esprit, reprit le prince; qu'aurions-nous appris de lui? —

A peu près les mêmes choses que vous avez entendues. Ce n'était pas sans motif que j'avais demandé à votre altesse si elle ne m'avait rien caché de ce qui s'était passé entre elle et le mourant, et si elle n'avait pas fait là-dessus quelques recherches dans sa patrie. Je ne voulais pas exposer mon spectre à se compromettre en trahissant son ignorance des faits sur lesquels je vous interrogeais. C'est encore pour cela que je vous demandai compte des fautes de sa jeunesse, et si la vie du marquis avait toujours été parfaitement régulière. Je formai mon plan d'après vos réponses.

Vous m'avez donné, dit alors le prince après quelques momens de silence, des éclaircissemens suffisans sur ce qui s'est passé entre nous; mais il reste un point intéressant sur lequel je vous prierai maintenant de me donner quelque lumière.—

Si cela est en ma puissance, et si...

Point de conditions. Vous êtes entre les mains de la justice; croyez-moi, elle ne vous questionnera pas avec les mêmes ménagemens que je le fais. Qui était cet inconnu aux pieds duquel vous êtes tombé? Que savez-vous de lui? D'où le connaissez-vous? et quel rapport avait-il avec l'apparition qui a succédé à celle dont vous dirigiez les ressorts? —

Mon prince....

Au moment même où vous eûtes fixé ses traits, vous vous précipitâtes en terre en poussant un cri d'effroi. Pourquoi cela? qu'est-ce qui produisit cet effet? —

Cet inconnu, mon prince... Ici il s'arrêta ; son âme paraissait péniblement combattue ; il nous regardait l'un après l'autre d'un air inquiet et embarrassé. Oui, sur mon Dieu, prince, cet inconnu est un être.... *terrible*. —

Que savez-vous de lui? De quelle nature sont les rapports qui lient votre histoire à la sienne? N'espérez pas de nous cacher la vérité.—

Je n'ai garde..... Qui me répond que dans ce moment il n'est pas au milieu de nous?—

Au milieu de nous! Qui? qui? nous écriâmes-nous tous ensemble en regardant autour de la chambre avec un rire mêlé d'inquiétude.— Cela n'est pas possible.—

Cet homme ou cet être, de quelque nature qu'il soit, peut des choses bien plus inconcevables encore.—

Mais qui est-il donc? quelle est son origine? Est-il Arménien ou Russe? Qu'y a-t-il de réel dans l'apparence qu'il se donne?—

Il n'est rien de tout ce qu'il paraît être : il y a peu d'états et de nations dont il n'ait déjà porté le masque. Personne ne sait qui il est, d'où il vient, ni où il va. Plusieurs personnes prétendent qu'il a vécu longtemps en Egypte, où il a acquis son savoir dans une catacombe : c'est ce que je ne puis cependant ni affirmer, ni nier. Chez nous il n'est connu que sous le nom de l'*Impénétrable*. Quel âge, par exemple, lui donneriez-vous? —

Environ quarante ans. —

Et moi, quel âge pensez-vous que j'aie? —

Près de cinquante. —

Cela est vrai. Hé bien, je n'avais pas dix-sept ans lorsque j'ai entendu parler à mon aïeul de cet homme extraordinaire; il l'avait vu autrefois à Famagouste, à peu près tel qu'il vous paraît aujourd'hui. —

Cela est exagéré, incroyable, absurde. —

Rien n'est plus vrai. Si je n'étais pas retenu par ces chaînes, je vous produirais des témoins dont l'autorité vous paraîtrait assez respectable pour ne vous laisser aucun doute. Des gens dignes de foi vous assureront qu'il a été vu en même temps dans divers pays. Aucune épée ne peut le percer, aucun poison n'a d'effet sur lui, aucune flamme ne peut le brûler, ni aucun vaisseau qui le porte couler à fond. Le temps même a perdu pour lui son empire; les années ne dessèchent point ses humeurs, et l'âge ne paraît point blanchir ses cheveux. Personne ne lui a vu prendre de nourriture ; jamais aucune femme ne reçut ses embrassemens ; le sommeil ne ferma jamais ses paupières. Dans les vingt-quatre heures du jour, il en est une seule dont il ne peut pas disposer ; tant qu'elle dure, personne ne peut le voir, et il ne remplit alors aucune fonction terrestre.

'Comment! dit le prince ; et quelle est cette heure ? —

Celle de minuit : dès qu'elle sonne il ne paraît plus être au nombre des vivans. Où il se trouve, il faut qu'il sorte ; quelqu'occupation qu'il ait, il faut qu'il l'interrompe. Ce moment terrible l'arrache des bras de l'amitié, l'arracherait même de l'autel. Personne ne sait où il va, ni ce qu'il fait dans cet intervalle. Personne n'ose l'interroger là-dessus, moins encore le suivre. Au moment où sonne l'heure fatale, les traits de son visage se décomposent d'une manière si effrayante, que l'homme le plus courageux n'oserait le fixer, ni lui adresser la parole. Un silence profond succède alors tout à coup à la conversation la plus animée : on attend son retour avec un respect mêlé d'effroi, sans que personne ose ni se lever de sa place, ni ouvrir la porte par laquelle il est sorti.

Mais, demanda l'un de nous, ne remarque-t-on rien d'extraordinaire chez lui à son retour? —

Rien, sinon un peu de pâleur et d'abattement, à peu près comme chez un homme qui viendrait de subir une opération douloureuse, ou d'apprendre une nouvelle fâcheuse. Quelques personnes prétendent avoir observé des gouttes de sang sur sa chemise; c'est ce que je ne pourrais affirmer. —

N'a-t-on jamais essayé de lui faire prendre le change sur cette heure, ou de lui donner des distractions pour la lui faire oublier? —

Une seule fois, dit-on, il passa le moment fatal. La compagnie était nombreuse; on avait veillé tard; toutes les horloges avaient été retardées : il fut entraîné par la chaleur de la conversation. Lorsque l'heure arriva, il se tut subitement, ses membres se roidirent, et il resta dans la même attitude où il avait été surpris. Ses yeux demeurèrent immobiles et ternes, son pouls s'arrêta, et tous les moyens qu'on put imaginer furent inutilement employés pour le tirer de cette léthargie. Cet état dura jusqu'à ce que l'heure fût écoulée; il se réveilla alors, ses yeux se ranimèrent, et il reprit son discours exactement à la même syllabe où il avait été interrompu. Le trouble de l'assemblée l'avertit de ce qui venait de se passer; et d'un ton sérieux et sévère, il déclara aux assistans qu'ils devaient s'estimer heureux d'en avoir été quittes pour la peur. Dès la même nuit, il sortit de la ville où cela lui était arrivé, et n'y est point revenu depuis. L'opinion générale est que, dans cette heure mystérieuse, il a des entretiens avec son génie. Quelques personnes même croient qu'il est déjà au nombre des morts, et qu'il lui est permis de passer vingt-trois heures de la journée parmi les vivans, à condition que, dans la dernière, son ame retourne à l'autre monde pour y subir son jugement. Les uns croient qu'il est le fameux Apollonius de Thyane; d'autres voient en lui l'apôtre saint Jean, qui, suivant une tradition, doit vivre jusqu'au jugement dernier. —

Il est tout simple qu'un homme aussi extraordinaire fournisse matière aux conjectures les plus bizarres. Vous nous avez rapporté jusqu'à présent des ouï-dire à son sujet; il nous a paru cependant que sa conduite vis-à-vis de vous, de même que la vôtre par rapport à lui, annonçaient des relations plus particulières entre vous. N'y a-t-il pas eu précédemment quelqu'aventure , quelqu'événement particulier et remarquable qui vous ait rapprochés l'un de l'autre? Ne nous cachez rien.

Le Sicilien nous regarda d'un air incertain, et se tut.

Si c'est une chose, continua le prince, qui demande le secret, je puis, au nom de ces deux messieurs, vous promettre que de notre part il ne sera point violé. Parlez-nous avec sincérité et sans contrainte. —

Si je puis espérer, dit-il après un long silence, qu'il ne sera fait aucun usage contre moi de ce que je puis avoir à vous raconter, je vais vous faire part d'une aventure singulière qui m'est arrivée, et où l'Arménien a joué un rôle; elle ne vous laissera plus aucun doute sur la puissance extraordinaire de cet homme: mais vous me permettrez, ajouta-t-il, de vous cacher les noms de quelques personnes qui y ont eu part. —

Cette condition est-elle absolument nécessaire? —

Oui, mon prince; je dois ce ménagement à une famille respectable qui s'y trouve compromise.

Poursuivez donc, dit le prince.

Il y a près de cinq ans, continua le Sicilien, qu'étant à Naples, où je pratiquais mon art avec assez de succès, je fis connaissance avec Lorenzo del M...te, chevalier de l'ordre de Saint-Etienne. Il était jeune et riche, et d'une des premières maisons du royaume. Ce jeune homme me comblait d'amitié, et paraissait faire un cas infini de mes connaissances. Il me dit un jour que le marquis del M...te, son père, partisan zélé de la cabale, s'estimerait heureux de posséder chez lui un sage tel que moi; ce furent les termes dont il voulut bien se servir. Ce vieillard habitait une de ses terres, au bord de la mer, à environ sept milles de Naples; il y vivait dans une solitude presqu'entière, occupé à pleurer la perte d'un fils chéri, qui lui avait été enlevé de la manière la plus cruelle. Le chevalier me fit entendre que sa famille et lui pourraient avoir quelque besoin de mon secours, dans une affaire de la plus sérieuse importance, et qu'au moyen de mon art et de mes secrets, je leur procurerais des lumières qu'ils avaient vainement cherchées dans la sphère des moyens humains; et il ajouta, de l'air et du ton le plus significatif, que lui personnellement me devrait peut-être un jour le repos et le bonheur de touto sa vie.

Voici les détails qu'il me confia sur cette affaire : Lorenzo, comme fils cadet du marquis, avait d'abord été destiné à l'état ecclésiastique; son frère aîné devait hériter des biens de la famille. Jéronimo, c'était le nom de ce frère, après quelques années de voyage, était revenu dans sa patrie environ sept ans avant le temps dont je parle, pour conclure son mariage avec la fille unique du comte de C...tti, voisin de la terre du marquis. Cette union avait été projetée par les parens au moment de la naissance de leurs enfans; et leur but, en la formant, était de réunir par cette alliance les terres considérables des deux maisons. Quoiqu'une convenance de famille eût préparé ce mariage avant le moment où le cœur des deux époux pût être consulté, aucun obstacle n'était survenu de ce côté-là. Elevés ensemble, Jéronimo del M...te et Antonia C...tti conçurent de bonne heure, l'un pour l'autre, un attachement qui s'accrut encore par la liberté avec laquelle on leur permettait de se voir: la plus heureuse harmonie se trouvant d'ailleurs entre leurs caractères, cet attachement ne tarda pas à devenir de l'amour. Une absence de quatre ans, au lieu de refroidir leurs sentimens, les rendit l'un à l'autre plus chers; et ce temps écoulé, Jéronimo revenait entre les bras de sa fiancée, aussi fidèle et plus amoureux que s'il ne s'en était jamais éloigné.

Les premiers transports duraient encore, et les préparatifs de la noce étaient sur le point d'être achevés, lorsqu'un jour l'époux disparut. Il passait souvent des soirées entières à une campagne voisine de la mer: une vue charmante et le plaisir de la promenade sur l'eau lui faisaient oublier quelquefois l'impatience avec laquelle son retour était attendu. Ce fut après une de ces soirées, qu'étant resté plus tard qu'à l'ordinaire, on envoya quelqu'un pour le chercher; le messager ne le trouva point. La plus vive inquiétude ayant alors succédé à l'étonnement, on multiplie les recherches; on envoie même quelques bâtimens sur mer; il fut impossible de découvrir ses traces, ni d'obtenir aucuns renseignemens à son sujet. La nuit se passe, le matin, le jour suivant, le soir encore: point de nouvelles de Jéronimo. On commençait à se livrer aux conjectures les plus sinistres, lorsqu'on apprend enfin qu'un corsaire algérien avait, le jour auparavant, débarqué sur cette côte et enlevé quelques habitans. Aussitôt on fait partir deux galères qui se trouvaient prêtes à mettre à la voile. Le vieux marquis monta lui-même la première, résolu de sacrifier sa vie, s'il le fallait, pour délivrer son fils. Le troisième jour, on aperçut le corsaire, et l'on se flatta d'autant plus de l'atteindre, qu'on avait sur lui l'avantage du vent. Déjà même Lorenzo, qui était sur la galère la plus avancée, croyait reconnaître un signal de son frère sur le pont du vaisseau ennemi, lorsqu'une tempête soudaine vint leur enlever tout espoir de se réunir. Ce fut avec une peine extrême que les galères purent résister à l'orage : elles y parvinrent cependant ; mais leur prise leur était échappée, et l'on fut obligé de relâcher dans le port de Malte. La douleur de la famille fut sans bornes; le vieux marquis s'arrachait les cheveux, et l'on craignit long-temps pour la vie de la jeune comtesse.

Cinq années s'écoulèrent en recherches infructueuses. On prit des informations sur toute la côte de Barbarie. On offrit des sommes énormes pour la rançon du jeune marquis; ce fut en vain. On fut obligé de s'arrêter à l'idée pénible que la même tempête qui avait séparé les vaisseaux, avait fait périr le corsaire, et que tout l'équipage avait été perdu.

La conjecture était vraisemblable; il s'en fallait bien cependant que ce fût une certitude, et rien n'autorisait encore à abandonner entièrement l'espérance de retrouver un jour le marquis. Mais dans la supposition qu'il ne reparaîtrait plus, il fallait nécessairement ou voir éteindre cette famille distinguée, ou engager le frère cadet à abandonner l'état ecclésiastique pour succéder aux droits de son aîné. La justice ne paraissait pas approuver ce dernier parti; mais aussi l'extinction de la famille était pour le marquis un malheur dont il ne pouvait supporter l'idée. Au milieu de ces anxiétés, l'âge et le chagrin le portaient avec rapidité au tombeau. Chaque tentative infructueuse pour retrouver un fils chéri affaiblissait en lui l'espérance de le revoir : insensiblement il se familiarisait avec l'idée de substituer le frère cadet à l'aîné; il n'était question que de changer un nom ; et en donnant Antonia pour femme à Lorenzo, l'union projetée s'effectuait au gré des deux familles, et leurs vues étaient remplies. Comment la simple possibilité du retour du marquis aurait-elle long-temps balancé dans l'esprit de son père la chute certaine de sa maison? Sentant sa fin approcher, le vieux marquis désirait impatiemment d'être délivré, avant que de mourir, de cette insupportable inquiétude.

Lorenzo, qui avait le plus à gagner à ce plan, était celui qui paraissait le plus éloigné d'y souscrire; il ne négligeait rien pour en empêcher l'exécution. Insensible aux avantages qu'une fortune immense, et plus encore la possession de la plus aimable des femmes, lui présentaient, il se refusait, retenu par un généreux scrupule, à dépouiller un frère qui peut-être vivait encore, et serait toujours en droit de lui redemander son bien. Le sort de mon cher Jéronimo dans les fers, disait-il, n'est-il donc pas assez cruel? Faut-il que j'en augmente encore l'amertume en lui dérobant tout ce qu'il a de plus cher au monde? Dans les bras de sa femme, serais-je sincère, lorsque je demanderais au ciel son retour? Et si un miracle le rendait enfin à nos vœux, de quel front irais-je au-devant de lui? Supposons même qu'il nous soit enlevé pour toujours, laisser au milieu de nous sa place sans la remplir, n'est-ce pas le moyen d'honorer le plus dignement sa mémoire? Ah! faisons sur son tombeau le sacrifice de nos espérances, en respectant tout ce qui était à lui comme le plus sacré et le plus inviolable des dépôts.

C'était en vain. Tous les motifs imaginés par l'amitié et la délicatesse fraternelle ne réussissaient point à réconcilier le vieux marquis avec l'idée de voir s'éteindre une race qui comptait plus de neuf siècles d'illustration. Un délai de deux ans fut tout ce que Lorenzo put gagner avant de conduire à l'autel celle qui avait dû être l'épouse de son frère. Pendant cet intervalle, les recherches furent continuées avec activité; Lorenzo lui-même fit plusieurs voyages sur mer, s'exposa à plusieurs dangers, et n'épargna aucune dépense.... Les deux années s'écoulèrent sans amener aucune espérance de succès.

Et la comtesse Antonia? demanda le prince; vous ne nous dites rien de son état. Aurait-elle pris si facilement son parti? C'est ce que j'aurais de la peine à croire. —

L'état d'Antonia était un combat violent entre le devoir et l'inclination, entre l'admiration et la haine. Touchée du généreux désintéressement du frère de son époux, elle se trouvait forcée d'estimer l'homme qu'il lui était impossible d'aimer. Mille sentimens contraires déchiraient continuellement son cœur. Son aversion pour le chevalier semblait prendre de nouvelles forces à mesure qu'il acquérait lui-même de nouveaux droits à son estime. C'était avec une douleur profonde que Lorenzo remarquait le chagrin qui consumait les jours de la jeune comtesse ; une tendre compassion prit par degrés la place de l'indifférence dans son cœur, et la violente passion qui remplaça ce premier sentiment, lui rendit bien pénible l'exercice d'une vertu qui avait été jusqu'alors sans exemple. Dans cette situation, imposant silence à son amour, et ne prenant conseil que de sa seule générosité, il résolut de protéger cette innocente victime d'un amour malheureux, contre les persécutions de sa famille. Tous ses efforts furent vains, ainsi que ses sacrifices; chaque victoire qu'il remportait sur sa passion, en plaçant ses vertus dans un jour plus favorable, ne servait qu'à rendre plus inexcusable aux yeux de ses parens la longue résistance de la comtesse.

Les choses en étaient à ce point, lorsque le chevalier me persuada d'aller le voir à sa campagne. La recommandation de mon patron m'y avait préparé un accueil auquel je n'avais pas droit de m'attendre. Je ne dois pas oublier de dire ici qu'au moyen de quelques opérations assez brillantes, j'avais rendu mon nom fameux dans les loges de ce pays-là : ce qui avait beaucoup contribué à donner au vieux marquis de la confiance en mes talens, et à lui faire concevoir de moi une haute opinion. Vous me dispenserez de vous dire par quels moyens et jusqu'à quel point j'avais réussi dans son esprit; vous pouvez vous en faire une idée d'après les aveux que vous venez d'entendre. Au moyen de tous les livres mystiques qui se trouvaient dans la bibliothèque du marquis, je parvins bientôt à lui parler dans sa propre langue, et à étayer mon systême sur le monde spirituel, de plusieurs inventions extraordinaires. Au bout d'un temps assez court, il crut indistinctement tout ce qu'il m'importait de lui faire croire; et il aurait juré avec autant de confiance sur les rapports des philosophes avec les sylphes et les salamandres, que sur l'authenticité des canons de l'église. Naturellement très-religieux, ses dispositions à croire s'étaient encore augmentées par mes leçons : il me fut donc aisé de lui persuader tous mes contes ; et à la fin je l'avais si bien nourri d'allégories et enveloppé de mysticité, que tout avait un accès facile chez lui, excepté ce qui était simple et naturel. Je devins l'oracle de toute la maison, et ce succès ne me coûta pas de bien longues peines. Le texte principal de mes leçons était : exaltation de la nature humaine, mon moyen favori ; commerce avec les êtres supérieurs ; et le comte de Gabalis, mon autorité infaillible. La jeune comtesse, qui, depuis la perte de son amant, vivait moins dans le monde réel que dans celui que lui composait son imagination attristée, entra dans toutes mes idées avec d'autant plus de facilité et d'ardeur, que même auparavant elle avait dans le caractère une teinte de mélancolie. Tous les habitans de la maison, les domestiques mêmes, s'introduisaient sous divers prétextes dans la chambre lorsque je parlais; et saisissant au hasard quelques principes de ma doctrine, ils en faisaient des applications à leur manière.

Il y avait plus de deux mois que j'étais arrivé dans cette terre, lorsqu'un matin le chevalier entra dans ma chambre. Une tristesse profonde se peignait sur son visage; tous ses traits étaient altérés : il se jeta dans un fauteuil avec tous les symptômes du désespoir.

« Capitaine, me dit-il, tout est fini

pour moi ; il faut que je parte, je n'y tiens plus. —

Qu'est-ce donc, chevalier? qu'avez-vous? —

Oh! cette terrible passion! (en se levant avec vivacité et en se jetant dans mes bras) je l'ai combattue en homme.... je suis maintenant au bout de mes forces. —

Mais, mon ami, à quoi tient-il donc, si ce n'est à vous? N'êtes-vous pas le maître? Père, famille.... —

Père, famille!... Ah! que peuvent-ils pour moi! Est-ce à la contrainte que je veux devoir sa main? C'est son cœur qui en ferait le prix, et elle l'a donné à un autre! N'ai-je pas un rival?... et encore..... quel rival!... Où est-il?... au nombre des morts, peut-être. Laissez-moi, laissez-moi; dussé-je aller jusqu'au bout du monde, il faut que je retrouve mon frère. —

Comment ! après tant d'efforts inutiles, vous auriez encore de l'espérance? —

L'espérance ! depuis long-temps elle est morte en mon cœur... mais dans le sien! Qu'importe, au fond, que j'espère ou non? Puis-je être heureux aussi long-temps qu'un rayon d'espérance luira encore pour Antonia? Mon ami... deux mots mettraient un terme à mon tourment.... Mais, comment.... Non, mon supplice durera jusqu'à ce que l'éternité ait enfin rompu son silence, et que les tombeaux témoignent pour moi. —

Votre bonheur dépendrait donc de cette certitude? —

Mon bonheur! Ah! je doute que j'en puisse jamais goûter! — Mais, de tous les maux, l'incertitude est le plus affreux. — (Après un long silence, d'un ton plus calme et avec attendrissement.) S'il voyait ce que je souffre!.... approuverait-il lui-même une fidélité qui fait le malheur de son frère? Un être vivant doit-il donc languir éternellement dans la peine pour un être... qui n'existe plus? S'il savait.... (Ici ses yeux s'inondèrent de larmes, et il pressa son visage contre ma poitrine.) Oui... peut-être lui-même il la conduirait dans mes bras. —

Mais est-il donc impossible qu'un souhait pareil puisse s'accomplir? —

Mon ami, que dites-vous? (Il me regarda d'un air effrayé.)

Pour des raisons bien moins importantes, continuai-je, des morts ont été rappelés au séjour des vivans; et lorsqu'il s'agirait du bonheur d'un homme, d'un frère...—

Son bonheur! oui, je le sens, vous avez dit vrai; le bonheur de sa vie entière.—

Et le repos de toute une famille en deuil, il n'y aurait pas assez?... Ah! sûrement, si jamais des circonstances humaines ont pu autoriser à troubler la paix des tombeaux, et à faire usage d'une puissance....—

Au nom du ciel, mon ami, cessez.... J'ai eu, je l'avouerai, une semblable pensée; je crois même vous en avoir dit quelque chose ; mais depuis long-temps je l'ai rejetée comme l'une des plus affreuses qui puissent souiller une ame humaine.

Vous voyez de reste, continua le Sicilien, où tout cela nous conduisit. Je m'efforçai de dissiper les scrupules du chevalier, et j'y parvins. Nous convînmes que l'esprit de Jéronimo serait évoqué ; et sous prétexte de me préparer convenablement, je demandai quinze jours pour l'opération. Ce temps écoulé, et mes machines prêtes, je profitai d'une soirée où toute la famille était rassemblée autour de moi, et les esprits favorablement disposés, pour obtenir leur consentement, ou plutôt je les amenai avec adresse à m'en faire eux-mêmes la prière. Nous eûmes, il est vrai, quelque répugnance à vaincre de la part de la comtesse, dont la présence nous était surtout nécessaire. Cependant l'état habituellement exalté de son ame, peut-être encore quelque faible lueur d'espérance sur la vie de son amant, nous aidèrent à en venir à bout, et nous triomphâmes de ses craintes. Il est à remarquer que je n'eus à combattre, à cette occasion, ni doute sur la réalité de mon savoir, ni défiance sur la possibilité même de la chose.

Le consentement de toute la famille obtenu, on fixa pour l'accomplissement de mon œuvre le troisième jour. Les préparations que je crus nécessaires furent des prières prolongées jusqu'à minuit, des jeûnes, des veilles, la solitude, des contemplations mystiques, et surtout l'usage d'un instrument de musique encore inconnu alors, et dont je m'étais déjà servi dans des occasions semblables avec le plus heureux succès. Tout cela réussit à souhait; et ce qui ne favorisa pas médiocrement l'illusion, je sentis mon imagination s'échauffer par le mouvement d'exaltation que j'étais parvenu à imprimer à celle de mes auditeurs. Arrive enfin l'heure attendue.

Je devine, dit le prince, qui va paraître actuellement sur la scène... Mais continuez seulement, continuez. —

Non, mon prince, la conjuration réussit à merveille. —

Comment! et où est donc l'Arménien?—

Un peu de patience, répondit le Sicilien; il ne paraîtra que trop tôt.

Je vous épargne le détail des prestiges que je fis naître; il est inutile dans ce moment : il suffira de vous assurer que le succès surpassa de beaucoup mon attente. Les personnes présentes étaient le vieux marquis, la jeune contesse et sa mère, le chevalier et quelques parens. Vous concevez aisément que, pendant mon séjour dans cette maison, les renseignemens les plus exacts sur tout ce qui concernait le jeune marquis, n'avaient pas été difficiles à prendre. Différens portraits de lui m'avaient mis à même de donner à l'apparition une ressemblance frappante; et comme j'eus soin de ne la faire parler que par signes, sa voix ne put donner lieu à aucun soupçon. L'amant d'Antonia parut vêtu en esclave algérien, et laissait apercevoir à son cou les traces d'une blessure profonde. Vous remarquerez, dit le Sicilien, que je m'écartai ici de la conjecture, regardée comme vraisemblable, qu'il avait péri dans les flots. J'avais quelques raisons de croire que cette tournure inattendue, en frappant l'esprit de nouvelles idées, ajouterait à la confiance que devait obtenir ma vision, tandis qu'au contraire rien ne me paraissait plus propre à l'éteindre que de me renfermer servilement dans les bornes des explications les plus naturelles.—

Je crois, dit le prince, que vous avez fort bien envisagé la chose. — Dans une suite d'opérations extraordinaires, une circonstance trop vraisemblable aurait peut-être détruit l'illusion; l'extrême facilité avec laquelle on l'eût alors saisie, aurait laissé à l'imagination la liberté de se porter sur les moyens qui l'auraient opérée, et un moment de réflexion aurait suffi pour rompre le charme. Dans le cas dont il est question, par exemple, pourquoi troubler le repos d'un esprit, si ce que l'on doit apprendre de lui n'est exactement que ce que la plus simple raison nous aurait appris sans son moyen? Mais le résultat obtenu, lorsqu'il est frappant et nouveau, ne semble-t-il pas donner une force réelle aux moyens extraordinaires qui ont paru l'avoir amené? Comment douter, en effet, qu'il n'ait fallu des secours surnaturels dans une opération, lorsque les voies ordinaires ne suffisent pas pour nous conduire à un résultat qui nous étonne?... Mais je vous ai interrompu, dit le prince; continuez, je vous prie, votre récit. —

Je demandai à l'esprit, poursuivit le Sicilien, s'il n'avait rien laissé dans ce monde qui lui fût cher, et qu'il pût déclarer lui appartenir. La figure branla trois fois la tête, en élevant une de ses mains vers le ciel; et avant de quitter la scène, elle tira une bague de son doigt, qu'elle jeta sur le parquet, et qu'après la disparition la comtesse reconnut pour être sa bague de noces...

Sa bague de noces! s'écria le prince avec étonnement; et comment donc était-elle tombée entre vos mains?--

Comment?... Ce n'était pas la véritable, mon prince; je l'avais... elle était imitée...—

Imitée ! dit le prince. — Pour l'imiter, il fallait avoir la véritable, et comment eûtes-vous celle-ci? Sûrement elle n'était jamais sortie de la main de l'époux.—

Cela est vrai, dit le Sicilien avec un embarras visible.—Mais d'après la description qui m'en avait été faite...—

Par qui?—

Long-temps auparavant, dit le Sicilien... C'était un anneau simple en or, avec le nom, je crois, de la jeune comtesse... Mais vous m'avez tout-à-fait écarté de mon récit...—

Qu'arriva-t-il ensuite? dit le prince avec un air de mécontentement et de doute...—

Après cela, on fut persuadé que Jéronimo ne vivait plus. Dès le jour même, la famille le reconnut publiquement pour mort en prenant le deuil. La circonstance de la bague ne laissant plus aucun doute dans l'esprit d'Antonia, elle favorisa dès lors ouvertement les vœux du chevalier. L'impression profonde cependant qu'avait produit sur elle cette apparition, la jeta dans une maladie qui faillit de rendre inutiles tous mes travaux, et d'anéantir à jamais les espérances de sa famille. Après sa guérison, elle demanda instamment à prendre le voile, et l'on craignit longtemps de ne pouvoir la faire renoncer à ce dessein. Cependant son confesseur, en qui elle avait une extrême confiance, étant venu à l'appui des sollicitations réitérées de sa famille, on parvint à lui arracher le oui si désiré ; et le dernier jour du deuil fut aussitôt désigné par le vieux marquis pour être celui où il verrait enfin se former une union qui comblait ses voeux, et où il devait disposer en faveur de son fils de son immense fortune.

Ce jour parut enfin, et Lorenzo reçut à l'autel son épouse tremblante. Vers le soir, un festin splendide attendait de nombreux convives dans un salon magnifiquement éclairé. Une musique animée ajoutait à l'allégresse générale. L'heureux vieillard avait désiré que tout le monde prît part à sa joie : les portes du palais étaient ouvertes, et tous les étrangers que la curiosité ou le plaisir y appelait étaient agréablement reçus. Ce fut au milieu de cette foule... (Ici le Sicilien s'arrêta.) — Le frisson de l'attente nous empêcha quelques instans de respirer. — Au milieu de cette foule, continua-t-il, une personne qui se trouvait placée près de moi me fit remarquer un moine franciscain debout et immobile comme une statue. Sa taille était haute, son visage maigre et d'une pâleur remarquable ; son regard, triste et sévère, était invariablement fixé sur les deux époux. Tous les yeux, toutes les bouches autour de lui exprimaient la joie ; sa physionomie seule ne changeait piont : c'était un buste immobile et froid au milieu d'une société où tout respire le plaisir. Ce spectacle extraordinaire formait un contraste si frappant, qu'il a laissé dans mon ame des traces profondes et ineffaçables ; et c'est au souvenir que j'en ai conservé, que je dois d'avoir reconnu si promptement dans la physionomie du Russe les traits de ce moine que vous soupçonnez sans doute déjà n'être autre chose que votre Arménien. Souvent j'essayai de détourner les yeux de cette figure effrayante ; involontairement je les reportais sur elle : elle était toujours la même. Je poussai mon voisin pour la lui faire remarquer; celui-ci poussa le sien, et bientôt toute la table fut frappée du même étonnement. La conversation cessa, il se fit un profond silence. Le moine ne parut point s'apercevoir de la curiosité qu'il excitait : la même immobilité se faisait remarquer dans ses traits; et son regard, sévère et triste, était toujours attaché sur les deux époux. L'effroi s'empare de tous les cœurs; la jeune comtesse seule, croyant trouver dans les traits de cet étranger l'expression de sa propre douleur, semblait goûter une espèce de volupté à rencontrer les regards du seul être qui, dans cette nombreuse assemblée, parût compatir à sa peine. Insensiblement la foule s'écoula : l'heure de minuit était passée ; la musique ne se faisait plus entendre que par intervalles ; les bougies, à leur déclin, ne donnaient plus qu'une lueur faible, on ne se parlait qu'à demivoix.

Toujours immobile et muet, le moine avait encore son regard douloureux attaché sur Lorenzo et Antonia. La table se lève ; les convives se séparent : la famille se rassemble dans un cercle plus rapproché ; le moine y reste sans qu'on l'en prie : personne ne lui avait encore adressé la parole. Déjà les amies de noces s'empressent autour de l'épouse interdite, qui jette par intervalles sur le vénérable étranger des regards qui semblent solliciter sa protection. Les hommes de même entourent l'époux,

poux, et ce mouvement est suivi de quelques instans de silence. Que nous sommes heureux dans notre petit cercle! s'écrie enfin le vieux marquis, qui seul n'avait pas remarqué l'inconnu, de manière du moins à en être frappé. Que nous sommes heureux! pourquoi nous manque-t-il mon fils Jéronimo! — L'as-tu invité, pour qu'il s'y trouve? ce furent les premiers mots que prononça le moine. — Nous le regardions avec effroi.

Hélas! reprit le vieillard, il est dans un lieu d'où l'on ne revient pas. Vous m'avez mal compris, mon révérend père; mon fils Jéronimo est mort. —

Peut-être craint-il seulement de se faire voir dans une pareille assemblée. Qui sait sous quel aspect il se montrerait dans ce lieu? Fais-lui entendre la dernière voix qu'il a entendue. — Prie ton fils Lorenzo de l'appeler.

Que veut dire tout ceci? se demandait-on tout bas et avec inquiétude dans l'assemblée. Lorenzo changea de couleur. J'avoue que mes cheveux commencèrent à se dresser sur ma tête.

Cependant le moine s'approcha du buffet; il y prit un verre qu'il remplit de vin, et en le portant à sa bouche : Au souvenir de notre cher Jéronimo! s'écrie-t-il; que ceux qui l'aimaient se joignent à moi.

Qui que vous soyez, mon révérend père, dit le marquis, vous avez prononcé un nom qui nous est cher à tous les titres; soyez le bien-venu parmi nous. Approchez, mes amis, en se tournant de notre côté et en faisant passer des verres à la ronde; faisons ce que nous aurions dû faire sans l'invitation de cet étranger : Au souvenir de mon fils Jéronimo!

Jamais santé, je crois, ne fut bue dans des dispositions semblables.

Encore un verre plein! Pourquoi mon fils Lorenzo refuse-t-il de se joindre à nous?

Lorenzo prend le verre des mains du franciscain, et le portant à sa bouche en tremblant : A mon bien-aimé frère Jéronimo! balbutia-t-il; et il le posa ensuite avec un mouvement d'effroi.

C'est la voix de mon meurtrier, s'écria tout à coup une figure effrayante, qui se présenta au milieu de nous couverte d'habits ensanglantés, et dont les traits étaient défigurés par de profondes blessures.

Qu'on ne m'en demande pas davantage, dit le Sicilien d'un ton de terreur. Mes sens m'avaient abandonné dès l'instant où j'eus porté les yeux sur le spectre ; il en fut de même de chacun des assistans. Lorsque nous revînmes à nous, Lorenzo était à l'agonie : le moine et la figure avaient disparu. On porta dans son lit le chevalier assailli des plus violentes convulsions jusqu'au moment de sa mort ; personne n'en approcha que son confesseur et son infortuné père, qui le suivit au tombeau quelques semaines après. C'est dans le sein de cet ecclésiastique que ses aveux sont restés ensevelis, et personne n'en a connaissance. Peu de temps après, en vidant un puits, dans une cour reculée du palais, on trouva un cadavre parmi les débris qu'on en tira. Au reste, la maison où ces événemens se sont passés n'existe plus; la famille del M...to est éteinte, et le tombeau d'Antonia, que l'on fait voir près de Palerme, est le seul monument qui en reste.

Vous voyez à présent, poursuivit le Sicilien, s'apercevant que nous étions interdits, et qu'aucun de nous n'était prêt à prendre la parole; vous voyez maintenant l'origine de la connaissance que j'ai faite de cet officier russe, ou du moine franciscain, ou de cet Arménien à l'histoire duquel vous prenez un si vif intérêt. Vous pouvez juger si j'avais quelque raison de trembler devant un être qui, deux fois et d'une manière si affreuse pour moi, s'est rencontré dans mon chemin.

Répondez encore à une seule question, dit le prince en se levant : Avez-vous toujours été sincère dans votre récit sur tout ce qui concerne le chevalier?

Je crois l'avoir été, répondit le Sicilien. —

Franchement, l'avez-vous toujours reconnu pour un honnête homme? —

Oui, sur mon Dieu, je l'ai toujours reconnu pour tel. —

Même lorsqu'il vous donna la bague en question? —

Comment! il ne m'a point donné de bague... Je n'ai pas dit qu'il m'eût donné cette bague.

Cela suffit, dit le prince, tirant le cordon de la sonnette et se préparant à sortir. Et l'esprit du marquis de Lanoy, demanda-t-il encore en se retournant, que ce Russe fit paraître hier après le vôtre, le regardez-vous comme un véritable esprit?

Je ne puis pas en juger autrement, répondit le Sicilien.

Venez, nous dit le prince. Le geolier entra : Nous avons fini, lui dit-il. Et vous, monsieur, vous aurez incessamment de mes nouvelles.

Je vous adresserais volontiers, monseigneur, la même question que vous avez faite vous-même au magicien, dis-je au prince lorsque nous fûmes seuls: Regardez-vous le second esprit comme une chose réelle?—

Moi! non en vérité, je n'y crois plus à présent.—

Plus à présent! vous en avez donc eu cette idée?—

Je ne nie pas que j'en ai été la dupe pendant quelques momens.

Et qui, m'écriai-je, ne l'aurait pas été? Mais quelle raison avez-vous de changer de pensée? car ce qu'on nous a raconté de cet Arménien est plus propre à augmenter qu'à diminuer l'idée qu'on peut avoir conçue de son pouvoir.

Ce qu'un scélérat nous a raconté de lui, reprit le prince avec vivacité; vous ne doutez point, je pense, que le Sicilien n'en soit un?

Non, dis-je, mais le témoignage qu'il lui donne suffirait-il?...—

Le témoignage d'un scélérat, à supposer même qu'il n'existât aucune autre raison particulière d'en douter, peut-il être reçu contre la vérité probable et l'ordre naturel des choses? Un homme qui m'a trompé plus d'une fois, qui s'est fait un métier de la fourberie, mérite-t-il d'être entendu dans une cause où l'ami de la vérité, le plus constant et le plus pur, n'est écouté qu'avec défiance? C'est comme si j'admettais, contre une vie innocente et irrépréhensible, la déposition du plus vil et du plus infâme des hommes. —

Mais quels motifs pourrait-il avoir de donner à un personnage, qu'il a toutes les raisons de craindre et même de haïr, un témoignage si éclatant? —

Quand je ne pourrais pas découvrir ces motifs, s'ensuivrait-il qu'ils n'existent pas? Sais-je moi qui le paye pour mentir? J'avoue que je n'aperçois pas encore toute la trame de sa fourberie; mais il a rendu un bien mauvais service à sa cause en se montrant à moi comme un imposteur, et vraisemblablement quelquechose de pire. —

La circonstance de la bague me paraît effectivement bien suspecte.

Elle est plus que cela, dit le prince; elle me semble décisive. Il a reçu la bague de l'assassin, et il ne pouvait ignorer qu'il le fût, dans les circonstances où elle lui fut confiée. Quel autre, que le meurtrier lui-même, pouvait posséder une bague qui, selon toutes les apparences, ne quittait jamais le doigt du marquis? Pendant tout le cours de son récit, il a cherché à nous persuader que, trompé par le chevalier, il avait été sa dupe de bonne foi. Pourquoi ce déguisement, s'il n'eût pas senti comme nous que son intelligence avec le meurtrier, aussitôt que nous l'aurions deviné, le perdait sans retour dans notre esprit? Toute son histoire n'est évidemment qu'un misérable tissu d'inventions qui lie ensemble le peu de vérités qu'il a jugé à propos de nous abandonner; et je me ferais le moindre scrupule d'accuser un imposteur que j'ai surpris en dix mensonges, d'être coupable du onzième, plutôt que de supposer un renversement dans un ordre de choses qui jusqu'à présent ne s'est jamais démenti!

Je n'ai rien à vous répondre sur cela, lui dis-je ; mais l'apparition que nous vîmes hier n'en reste pas moins pour moi une chose incompréhensible.

Pour moi de même, reprit le prince; je suis tenté cependant de hasarder une solution.

Comment? dis-je.

Vous rappelez-vous que cette seconde figure, aussitôt qu'elle fut entrée, s'approcha de l'autel, et qu'après avoir pris en main le crucifix, elle se plaça sur le tapis de soie? —

Il est vrai ; la chose me parut ainsi. —

Et le crucifix étant un conducteur, à ce que nous a dit le Sicilien, vous en conclurez sans doute qu'elle s'empressa de se rendre électrique, et que le coup que lord Seymour lui porta demeura sans effet par la commotion subite qu'éprouva le bras de cet Anglais. —

Cela est vrai, quant à l'épée ; mais la balle que le Sicilien lui tira, et que nous entendîmes rouler lentement sur l'autel! —

Etes-vous sûr que ce fût la même balle qui partit du pistolet? Outre que le mannequin ou l'homme qui animait la machine, pouvait être plastronné, à l'épreuve de la balle et de l'épée...... rappelez - vous encore qui avait chargé les pistolets. —

Le Russe les avait chargés; mais aussi ce fut sous nos yeux : et comment nous aurait-il trompés? —

Comment! l'observâtes-vous alors avec le même soin que vous l'auriez fait si cet homme vous eût été suspect auparavant? Examinâtes-vous la balle avant qu'il l'introduisît dans le canon? Ne pouvait-elle pas être de papier pétri ou de terre glaise peinte? Vîtes-vous si le canon la reçut en effet, ou si seulement il la laissa tomber de côté, dans sa main? Qui vous assure, en supposant même que les pistolets eussent réellement reçu leur charge, que d'autres n'ont point été substitués à ceux-là lorsqu'il passait dans le pavillon? supercherie d'autant plus facile, qu'il savait n'être point observé, et que nous étions occupés à nous déshabiller. La figure ne put-elle pas, au moment où la fumée de la poudre la dérobait à nos yeux, laisser tomber une autre balle sur l'autel? Laquelle, je vous prie, de ces suppositions, vous paraît impossible? —

Vous avez raison; mais cette ressemblance frappante de l'esprit avec l'ami que vous regrettez.... J'avais vu souvent celui-ci auprès de vous, et au premier moment je l'ai reconnu dans l'apparition. —

Moi de même; et je dois convenir que l'illusion était complète; mais si le Sicilien, au moyen de quelques regards jetés à la dérobée sur ma boîte, a pu donner à son dessin une ressemblance qui m'a frappé, le Russe, qui avait eu à table la libre disposition de ma tabatière, et qui avait appris de ma bouche de qui elle présentait le portrait, n'avait-il pas bien plus de facilité encore pour opérer le même effet? Ajoutez encore cette observation du Sicilien même : c'est que ce qu'il y a de caractéristique dans la physionomie du marquis, réside dans la disposition de certains traits aisés à imiter en grand. Que reste-t-il à expliquer encore dans toute cette aventure? —

Et les réponses de l'esprit! leur exacte correspondance avec l'histoire de votre ami! —

Quoi! le Sicilien ne nous a-t-il

pas déclaré lui-même que d'après les éclaircissemens qu'il avait tirés de moi, son résultat n'aurait pas été différent de celui dont nous avons été les témoins? Que conclure de là, sinon qu'il était en effet le plus naturel? Au reste, les réponses de l'esprit étaient, comme celles des oracles, tellement obscures et brèves, qu'elles ne pouvaient que difficilement donner lieu à des contradictions. En supposant au personnage qui jouait ce rôle un peu de pénétration joint à quelque présence d'esprit, quel plus grand parti n'aurait-il pas pu tirer encore des lumières qu'il avait su se procurer? —

Mais vous représentez-vous, monseigneur, quels préparatifs, combien de machines eussent été nécessaires à l'Arménien pour faire réussir un plan aussi compliqué que celui que vous lui supposez ? Que de temps il lui eût fallu pour imiter une tête humaine avec une vérité si frappante, et pour faire la leçon à son esprit de manière à prévenir toute erreur qui aurait pu trahir son secret ? Quelle attention pour disposer enfin une foule d'accessoires, de détails si nécessaires à l'illusion, que la négligence du moindre d'entre eux aurait pu la faire manquer ? Songez, après cela, que le Russe n'a été absent qu'une demi-heure. Je ne conçois pas qu'un intervalle de temps si court ait pu suffire seulement à celles des dispositions qui étaient les plus indispensables. En vérité, mon prince, le poëte dramatique qui, pour observer sévèrement les trois unités, surchargerait un entre-acte d'une suite d'actions aussi compliquées, supposerait à ses spectateurs un degré bien étonnant de crédulité. —

Quoi! vous regardez donc comme impossible que tous ces préparatifs aient pu se faire dans l'espace d'une demi-heure? —

J'en conviens, la chose me paraît à peu près impossible.

Je ne vous comprends pas, dit le prince. Y a-t-il rien qui contredise les lois du temps, de l'espace et des effets physiques, à imaginer qu'un homme aussi habile que l'est indubitablement l'Arménien, à l'aide peut-être de quelques camarades exercés à l'ombre de la nuit, sans être observé de personne, favorisé en un mot par les circonstances les plus avantageuses, ait pu, dans un espace de temps semblable, disposer de quelques moyens qu'un homme de cet état tient ordinairement sous sa main ? Ne peut-on pas supposer encore, sans craindre d'avancer une absurdité, qu'au moyen de quelques paroles, ou par des signes convenus, il a pu donner à ses gens les ordres les plus précis, et leur désigner d'une manière expéditive une suite déterminée d'opérations compliquées ? Car enfin, quand il s'agit d'opposer une impossibilité humaine aux lois éternelles de la nature, il faut au moins que cette impossibilité soit démontrée. Croiriez-vous plutôt un miracle qu'une chose qui n'est qu'invraisemblable? et aimeriez-vous mieux bouleverser l'univers que d'admettre comme possible une certaine combinaison de ses forces, procurée par une habileté extraordinaire? —

Si toute cette affaire ne justifie pas une conséquence aussi hardie, vous m'avouerez du moins qu'elle passe notre intelligence.

J'aurais quelqu'envie de vous disputer encore ce point là, dit le prince avec une gaîté charmante. Que diriez-vous, mon cher comte, s'il se trouvait que, non-seulement pendant et après cette demi-heure, mais encore pendant toute la soirée, toute la nuit, les machines de l'Arménien étaient en jeu? Vous n'ignorez pas que le Sicilien a employé près de trois heures à ses préparatifs. —

Le Sicilien, mon prince? —

Et comment me prouverez-vous que le Sicilien n'ait pas autant de part à la seconde apparition qu'à la première? —

Comment, monseigneur? —

Qu'il n'ait pas été un des aides de l'Arménien? en un mot, qu'ils n'aient pas agi de concert? —

Cela me paraît difficile à prouver, m'écriai-je dans mon étonnement. —

Pas si difficile, mon cher comte, que vous le pensez : ce serait par hasard que ces deux hommes se seraient rencontrés avec chacun leur projet sur la même personne, dans le même lieu et pour le même moment; ce serait le hasard qui aurait amené un tel rapport, une telle correspondance entre leurs opérations, que les unes servaient à assurer le succès des autres! N'est-ce pas évidemment les diverses parties d'un même plan? serait-il déraisonnable de supposer que, pour faire réussir une imposture artistement ourdie, l'habile machinateur ait senti la nécessité d'en imaginer une autre secondaire, et qu'il se soit créé un Hector pour obtenir la gloire d'Achille? Qui sait si l'un de ces fourbes n'a pas envoyé l'autre en avant pour reconnaître les chemins qui conduisent à ma confiance, et découvrir à quel degré on pouvait espérer de m'en rendre victime? Peut-être lui importait-il de me familiariser avec son sujet, au moyen d'un essai qui pouvait manquer sans nuire aux autres parties de son plan. Supposons encore que pour endormir ma vigilance sur un point qui l'intéressait davantage, il ait voulu fixer mon attention sur un autre objet, et obtenir, au moyen d'un joueur de gobelets, les lumières qui lui étaient nécessaires, et donner le change à mes soupçons..... —

Comment l'entendez-vous? —

Admettons un moment qu'il ait gagné un de mes gens pour se procurer par son secours les renseignemens, peut-être même les papiers dont il avait besoin (mon chasseur

me

me manque), qui m'empêche de croire que l'Arménien ait eu part à l'éloignement de cet homme? Mais il peut arriver que je conçoive quelque soupçon... un domestique peut causer... une lettre peut être interceptée... tout son crédit est perdu dès que je viens à découvrir quelle est la source où il puise ses lumières. Que fait-il? il met en scène un escamoteur qui paraît avoir des vues sur moi, et il me fait avertir à temps de ses projets. Ce que je découvre sur celui-ci ne porte-t-il pas naturellement mes soupçons sur l'autre? Je n'en saurais douter : le Sicilien n'est qu'un manteau destiné à couvrir les artifices de l'Arménien; c'est une poupée avec laquelle il me fait jouer, tandis que lui-même, à couvert de l'observation, travaille dans l'ombre à m'entourer de ses filets. —

Très-bien. Mais comment supposez-vous qu'avec les vues que vous lui prêtez, il ait aidé lui-même à démasquer l'imposture, en soulevant le voile qui vous en dérobait les ressorts secrets ? —

Quels secrets vous a-t-il découverts? Aucun assurément de ceux dont il se proposait de faire usage contre moi; et, loin de perdre à ceux qu'il a bien voulu nous abandonner, que ne croit-il pas gagner au contraire, en m'inspirant une sécurité dont il espère tirer parti, et en appelant mes soupçons sur des objets fort éloignés du lieu de l'attaque? Sans doute il pouvait s'attendre que bientôt ma propre défiance, ou les conseils de mes amis, me porteraient à chercher dans le cercle obscur des tours d'adresse, l'explication de ses prodiges ; et je vous demande ce qu'il pouvait faire de plus adroit que de me jeter tout d'un coup au milieu des tours de cette espèce, pour embrouiller d'autant mieux mes conceptions sur la cause des effets qui seraient produits par ses propres machines ! Combien de conjectures de ma part n'a-t-il pas écartées par cette habile manœuvre ! et combien d'explications réfutées d'avance, qui se seraient présentées à moi dans la suite ! —

Il est vrai ; mais d'un autre côté n'aurait-il pas aussi travaillé contre ses intérêts, en rendant aussi clairvoyans les yeux qu'il avait dessein de tromper? Et en mettant entre vos mains la clef des subtilités de son art, n'aurait-il pas porté un coup mortel à votre confiance en ses miracles? Vous seriez vous-même, mon prince, la meilleure critique de son plan, s'il eût été en effet tel que vous me paraissez disposé à le croire. —

Il a pu se tromper par rapport à moi; mais il n'en a pas moins raisonné avec sagacité, sous un point de vue général. Pouvait-il en effet deviner que je me rappellerais précisément de la circonstance la plus propre à le décréditer dans mon esprit? Prévoyait-il qu'un complice maladroit appellerait, sans le vouloir, le soupçon sur sa conduite, par ses révélations indiscrètes? Peut-être le Sicilien est-il allé fort au-delà de ses instructions : la circonstance de la bague ne me permet aucun doute à ce sujet, et j'avoue que c'est elle qui a décidé mon opinion, jusque-là assez incertaine. Il est si aisé à un organe grossier de déranger, en quelque point délicat, un plan conçu avec finesse ! Assurément il n'avait pas prescrit à son agent de recourir, pour nous donner une plus haute opinion de lui, à toutes les absurdités dont il a tissu sa narration. Avions-nous besoin d'être amusés de ce fatras de contes puériles dont le premier instant de réflexion détruit toute la vraisemblance? Ainsi, par exemple, il nous a dit que son thaumaturge était obligé, à l'heure de minuit, de s'interdire tout commerce avec les humains. Eh ! ne l'avons-nous pas vu à cette heure même au milieu de nous? Ne nous a-t-il pas dit que le jour de la noce de Lorenzo, il y était à minuit et qu'il y resta ?

Cela est vrai, m'écriai-je ; je l'avais oublié. —

Mais il est dans le caractère des gens de cette espèce d'aller toujours au-delà de leurs instructions, et, en exagérant leurs moyens, il n'est pas rare qu'ils en anéantissent l'effet. —

Il m'est cependant encore impossible, mon prince, de ne voir dans cette affaire qu'un jeu concerté entre deux fripons. Quoi ! l'effroi du Sicilien, ses horribles convulsions, cet état de souffrance, si violent qu'il excitait notre pitié : non, tout cela ne peut-être l'effet d'un rôle étudié ! Quel que soit l'art du comédien le plus exercé, son pouvoir ne s'étend pas assurément jusqu'aux organes de la vie. —

A cet égard, mon ami, j'ai vu Garrick, dans le rôle de Richard III. D'ailleurs, étions-nous nous-mêmes assez de sang froid pour pouvoir compter sur nos observations ? Comment eussions-nous jugé sainement des affections qu'éprouvait cet homme, lorsque nous étions si peu maîtres des nôtres ? N'avez-vous jamais observé que, dans un ouvrage de pure invention, le moment d'une catastrophe, dès long-temps préparée et impatiemment attendue, peut produire une crise réelle, et s'annoncer aux spectateurs par des symptômes même violens? Mais au reste, dans le cas dont il est question, l'entrée imprévue et subite des sbires ne suffirait-elle pas pour expliquer ces mouvemens extraordinaires de terreur que, dans notre prévention, nous attribuions à des causes moins naturelles? —

Ah, fort bien, mon prince; je suis bien aise que vous rappeliez cette circonstance à mon souvenir. L'Arménien se fût-il hasardé à appeler les regards de la justice sur une trame odieuse dont la publicité pouvait être si funeste à ses auteurs? Croyez-vous encore qu'il n'eût pas craint d'exposer la fidélité de son complice à une épreuve si délicate?

Dans quel but d'ailleurs l'aurait-il fait? —

C'est son affaire... Sans doute il connaît ses gens... Peut-être quelques crimes cachés lui répondent du silence de cet homme : vous savez quel est son emploi à Venise. Soyez sûr qu'il lui sera aisé de tirer de prison un homme qu'il a fait lui-même saisir, et qui n'a d'autre accusateur que lui (1).

Et dans quel but me demandiez-vous? Pour mieux assurer le succès de son entreprise : quel autre

---

(1) La suite a parfaitement justifié le soupçon du prince. Quelques jours après, lorsque nous donnâmes des nouvelles du prisonnier, nous apprîmes qu'il avait disparu.

Note de l'auteur.

moyen avait-il de nous faire entendre cette confession du Sicilien, qui entrait si essentiellement dans son plan? Quel autre qu'un homme au désespoir, et qui se présentait à nous comme n'ayant plus rien à perdre, eût pu se résoudre à des aveux si humilians? Dites-moi, mon cher; aurions-nous été fort disposés à y ajouter foi, s'il les eût faits dans de meilleures circonstances? —

Je vous accorde tout, mon prince, dis-je enfin; les deux apparitions ne sont que des impostures; l'histoire du Sicilien était le fruit des instructions secrètes de son maître; je veux que tous les deux aient travaillé à la même œuvre, sur le même plan et par des moyens concertés; j'admets enfin, sur les événemens qui nous ont étonné, toutes les explications les plus propres à en faire disparaître le merveilleux : une chose me paraîtra toujours inexplicable ; la prophétie de la place Saint-Marc, premier événement, celui auquel tous ceux qui l'ont suivi semblent se lier, n'en sera pas moins incompréhensible pour moi ; et que nous servira-t-il d'avoir trouvé la clef de tout le reste, si la solution de ce dernier point est un problême impossible à résoudre pour nous ?

Tournez plutôt autrement la question, mon cher comte, me répondit le prince : que prouveraient toutes les choses extraordinaires dont nous avons été les témoins, si dans le nombre je découvrais une seule imposture ? Cette prophétie... je l'avoue.... elle passe ma conception... Si l'Arménien avait fini par-là son rôle, j'en conviens, je ne sais trop où il aurait pu me mener, s'il eût voulu en abuser contre moi; heureusement elle est en si mauvaise compagnie, qu'elle m'est devenue suspecte elle-même; le temps seul nous dévoilera ce mystère.... peut-être aussi y jettera-t-il de nouvelles obscurités... Mais croyez-moi, mon ami, me dit-il d'un air sérieux et en posant sa main sur la mienne, un homme qui a réellement en sa puissance des forces d'une nature plus relevée, ne descend pas aux tours de passe-passe; et lors même qu'il en aurait besoin, il dédaignerait de s'en servir.

Ainsi finit un entretien que je

n'ai rapporté en entier que parce qu'il laissait entrevoir les difficultés que l'imposture trouverait à vaincre chez le prince avant que de parvenir à son but. Il justifiera, je pense, sa mémoire du reproche, qu'on ne manquera pas sans doute de lui faire, de s'être jeté d'une manière inconsidérée dans les piéges qui lui furent tendus. Bien peu de ceux qui, au moment où je trace ces lignes, laissent tomber sur les faiblesses de cet infortuné les regards d'une dédaigneuse pitié, auraient montré la même sagesse. Que du haut du tribunal d'une raison d'autant plus orgueilleuse qu'elle ne fut jamais sans doute appelée à de si pénibles épreuves, ils l'accablent de leur dérision, les gens sages ne les imiteront pas. Si, malgré les précautions de la prudence la plus circonspecte, il n'a pas laissé de succomber dans une carrière où il s'était présenté si bien armé, il fut à plaindre plus qu'à blâmer. Qu'au lieu donc de le juger avec une sévérité si déplacée, on s'étonne plutôt de la malice profonde du projet dont il est devenu la victime, et du triomphe éclatant qu'elle a obtenu sur une raison aussi éclairée que la sienne. Quant à moi, je le répète, je serai vrai; aucun intérêt humain ne saurait influer sur mon témoignage. Le prince me fut cher; mais sa malheureuse carrière étant maintenant terminée, quel gré pourrait-il me savoir des ménagemens timides avec lesquels je tracerais le tableau de ses erreurs? Depuis long-temps son ame s'est purifiée à la source de la vérité, où la mienne la puisera sans doute aussi, lorsque le monde sera en possession de ces feuilles. Mais que l'on me pardonne ces larmes données au souvenir de l'ami qui me fut le plus cher : oui, son cœur était généreux; c'est un hommage que j'aime à rendre à la justice; son ame était noble, et il eût été l'ornement du trône, s'il ne se fût laissé entraîner par les passions étrangères à son caractère.

LIVRE SECOND.

Peu après ces événemens, je commençai à observer une altération sensible dans l'humeur du prince; ses dernières aventures y avaient sans doute contribué; mais elle dut encore ses progrès à un concours de plusieurs autres circonstances accidentelles.

Le prince, jusqu'alors, avait soigneusement évité tout examen sérieux de sa religion; il s'était contenté de rectifier les notions imparfaites et peu raisonnées qu'il en avait reçues dans son enfance, par les idées plus réfléchies qui s'étaient présentées à lui dans la suite; et en cherchant à les accorder, il ne s'était point attaché à scruter trop soigneusement les fondemens mêmes de sa croyance. En général, il me l'a souvent avoué, il regardait tout système de religion comme un château enchanté, dans lequel on ne pouvait mettre le pied qu'en tremblant ; et il prétendait qu'il valait beaucoup mieux passer à côté avec respect, que de courir risque de s'égarer dans le labyrinthe qui l'entoure.

Cette manière d'en juger était l'effet naturel de l'éducation bigote et servile qu'il avait reçue. Dans le temps où son cerveau, tendre encore, était susceptible des impressions les plus profondes, on avait rempli son imagination de fantômes que, dans la suite, il n'en put jamais entièrement écarter. Une mélancolie religieuse était la maladie héréditaire de sa famille, et l'éducation qu'il reçut, ainsi que ses frères, fut analogue à cette malheureuse disposition. Les hommes aux soins desquels leur jeunesse fut confiée, étaient ou des enthousiastes, ou des hypocrites adroits. Jaloux de plaire aux augustes personnages dont ils tenaient leur autorité et leurs pensions, ils étouffaient d'une main également stupide et sévère la vivacité naturelle de leurs élèves. Des impressions de sa première enfance, résulta pour le prince cette couleur sombre qui obscurcit le cours de sa jeunesse; la gaîté était bannie même de ses jeux; toutes ses idées, tous ses sentimens présentaient quelques nuances de ces teintes rembrunies qui frappaient le plus vivement son imagination, et y laissaient les traces les plus durables. Son dieu était un dieu d'effroi; et son adoration, l'aveugle et craintive soumission d'un timide esclave.

Tous ses penchans naturels furent comprimés. Jouissant d'une santé brillante, sensible et dans l'âge des plaisirs, jamais cependant il n'osa saisir leur coupe séduisante. Dès qu'une inclination secrète le sollicitait à les goûter, la religion était là pour en arrêter tout à coup l'essor. La trouvant ainsi en opposition continuelle avec tout ce qui pouvait flatter son jeune cœur, jamais il ne la connut bienfaisante, toujours menaçante et terrible. C'est ainsi qu'insensiblement s'élevait contre elle une secrète indignation dans son ame, et ce sentiment formait le mélange le plus bizarre avec le respect qu'il ne pouvait lui refuser.

« On ne s'étonnera pas après cela s'il saisit la première occasion d'en briser le joug importun : mais semblable à un esclave qui, échappant à la tyrannie, en regrette quelquefois les chaînes, dans le sein même de la liberté, il portait encore avec lui le sentiment de la servitude. S'il avait abandonné les opinions de son enfance, ce n'était pas par l'effet d'un choix, formé dans le conseil d'une raison tranquille et épurée ; il s'était échappé comme un fugitif sur lequel son premier maître conserve ses droits. Forcé de revenir à ces mêmes opinions dès que les distractions qui l'en avaient éloigné avaient cessé, il s'était sauvé, pour ainsi dire, avec un bout de sa chaîne, et devenait la proie du premier imposteur qui savait la saisir et en faire usage. Le lecteur a déjà soupçonné qu'un tel fourbe ne tarda pas à se présenter : mais il faut lire la suite pour comprendre à quel point l'infortuné prince pouvait en être le jouet.

Les aveux du Sicilien avaient laissé dans son ame des traces plus profondes que ne le méritait réellement toute cette aventure, et sa confiance en sa propre raison s'était considérablement augmentée par le triomphe que celle-ci avait obtenu sur une misérable imposture. La facilité avec laquelle il avait déjoué cette intrigue, parut l'avoir étonné lui-même. La vérité et l'erreur n'occupant pas dans son esprit des places assez distinctes pour qu'il ne lui arrivât pas fréquemment de les confondre, le même coup qui détruisit sa foi aux miracles, dut ébranler en même temps l'édifice entier de sa croyance. Il lui arriva ce qui arrive à l'homme sans expérience, qui, pour avoir été trompé en amitié ou en amour, ne veut plus croire à la réalité de ces sentimens. Une imposture dévoilée lui rendit donc la vérité suspecte, parce que malheureusement les bases de la vérité n'étaient pas établies d'une manière plus solide chez lui que celles de l'erreur et de l'imposture.

Ce prétendu triomphe le flatta d'autant plus, que le joug dont il le délivrait lui pesait davantage. Dès ce moment tout devint objet de doute pour lui, même les principes les plus évidemment vrais, même les maximes les plus respectables.

Diverses circonstances au reste concoururent à le confirmer dans cette disposition d'esprit. A la retraite dans laquelle il avait vécu jusqu'alors, succéda assez promptement le genre de vie le plus dissipé. Son rang était connu; l'étiquette dont il lui fit une obligation, des politesses reçues, des devoirs à rendre, le portèrent peu à peu dans un tourbillon dont jusque-là il s'était tenu sagement écarté. Sa naissance, ses qualités personnelles le firent désirer dans les cercles les plus brillans de Venise; bientôt il se trouva en relation suivie avec les hommes d'état et les savans les plus distingués de la république.

Obligé d'étendre ses idées dans la mesure de la sphère où ces circonstances l'avaient porté, il rougit des limites étroites dans lesquelles il les avait tenues jusque-là circonscrites; et, s'apercevant à regret combien toutes ses notions étaient mesquines et bornées, il sentit le besoin de leur donner plus d'élévation et d'étendue. La forme surannée de son esprit, qui présentait d'ailleurs les côtés les plus estimables, contrastait en effet assez fortement dans la société, avec les idées reçues. Il était quelquefois si étranger aux objets les plus communs, que son ignorance l'exposait au ridicule; et le ridicule était, de toutes les armes dont on pouvait se servir contre lui, celle qu'il craignait davantage.

davantage. Il existait contre l'esprit des hommes de son pays un préjugé qu'il trouvait injuste ; il se crut obligé de travailler de tout son pouvoir à le détruire. A ces motifs de se distinguer par son savoir et sa politesse, s'en joignait un autre qui tenait à une singularité de son caractère : il s'affligeait de toutes les prévenances qu'il pouvait attribuer à son rang plutôt qu'à sa personne ; il était surtout très-humilié de se rencontrer avec ceux que leur esprit seul faisait distinguer, et qui, par leur mérite, avaient en quelque sorte triomphé de l'obscurité de leur naissance. Toutes ces raisons lui firent sentir la nécessité d'élever son esprit au niveau du monde spirituel qu'il fréquentait, et à l'égard duquel il se trouvait si fort en arrière.

La lecture des ouvrages modernes lui parut devoir conduire le plus directement à ce but : il s'y livra bientôt avec cette ardeur qu'il portait ordinairement dans ses occupations favorites. Malheureusement, dans le choix de ses lectures, ce ne fut point à celles qui pouvaient former son cœur et développer sa raison, qu'il s'attacha de préférence : outre cela, son goût l'entraînait irrésistiblement vers tous ces objets qui semblent placés hors de la sphère de l'intelligence humaine. Pour ces choses-là, il ne manquait ni d'application, ni de mémoire ; mais son cœur restait vide et son jugement sans culture, tandis qu'il forçait les fibres de son cerveau à se prêter à ces notions obscures et compliquées. Le style brillant d'un auteur entraînait son imagination ; les subtilités d'un autre embarrassaient inutilement sa raison. Il n'était pas difficile à des écrivains de ce genre d'asservir à leurs idées un esprit naturellement disposé à devenir la dupe du premier sophiste qui l'attaquait avec une certaine hardiesse. Une lecture à laquelle il s'était livré avec passion pendant plus d'une année, avait rempli sa tête de doutes, sans l'enrichir d'aucune connaissance vraiment salutaire ; et ces doutes, qui n'avaient d'abord que de vaines spéculations pour objet dans un caractère aussi conséquent que le sien, prirent bientôt le chemin du cœur. Le dirai-je enfin? il était entré en enthousiaste crédule dans l'obscur labyrinthe où sa curiosité l'égara; il en sortit sceptique, et enfin esprit fort.

Dans le nombre des cercles où l'on avait su l'attirer, se trouvait une société fermée, qu'on appelait le *Bucentaure;* là, sous l'apparence d'une liberté raisonnable de penser, et d'une manière d'agir au-dessus du vulgaire, régnait une licence d'opinions et de mœurs qui ne connaissait aucune borne. On voulut que le prince s'y fît agréger, et il s'y prêta d'autant plus volontiers, qu'elle comptait parmi ses membres plusieurs ecclésiastiques, et à leur tête quelques cardinaux.

Certaines vérités dangereuses, pensait-il, ne pouvaient être déposées plus sûrement qu'entre des mains obligées par état à la décence, et assez habiles pour peser et balancer soigneusement les opinions opposées. Ici, le prince paraissait oublier que le libertinage d'esprit et de mœurs, dans les personnes de cet état, se portait d'autant plus facilement à l'excès, qu'il avait un frein de moins à briser; et c'était le cas du Bucentaure : la plupart des membres de cette société déshonoraient non-seulement leur état, mais l'humanité même, par les erreurs d'une détestable philosophie, et par une conduite digne d'un tel guide. Une égalité absolue présidait à cette réunion; toute marque distinctive de rang, de religion et de nation devait être déposée en y entrant. La société avait ses grades secrets ; mais j'aime à croire, pour l'honneur du prince, qu'il ne fut point jugé digne d'être introduit dans son sanctuaire. Pour le choix et l'avancement de ses membres, les avantages de l'esprit étaient seuls consultés. On s'y piquait au reste du meilleur ton et du goût le plus épuré ; et en effet personne à Venise ne lui contestait cet avantage. Cette réputation de politesse, et l'apparence d'une égalité que l'on paraissait y chérir, séduisirent le prince ; il fut entraîné. Un commerce animé par tout ce que l'esprit conçoit de plus délicat et de plus fin, des conversations intéressantes et instructives, une réunion de tout ce qu'on connaissait à Venise de plus distingué dans le monde savant et politique; tous ces avantages contribuèrent à lui cacher long-temps le poison que recélait cette société dangereuse. Mais lorsqu'au travers du masque qui le couvrait, il aperçut l'esprit de cette institution; lorsque, fatigués de s'observer vis-à-vis du prince, les hommes qu'elle rassemblait cessèrent enfin de se tenir aussi soigneusement sur leurs gardes, le retour n'était déjà plus sans inconvénient pour lui. Une fausse honte, peut-être même l'intérêt de sa sûreté, le forcèrent donc à dissimuler son mécontentement. Mais si des relations familières avec ces hommes corrompus ne purent émousser entièrement en lui le sens moral, la pureté et la simplicité de son ame en furent cependant altérées. Sa raison, manquant d'un point d'appui solide, ne put se débarrasser par elle-même des filets dont elle se vit entourée. Le progrès du mal fut tel, qu'au bout de quelque temps presque toutes les bases sur lesquelles reposait sa moralité furent détruites; elles ne purent résister à la séduction et à l'exemple dont la contagion les sapait continuellement. Ces salutaires principes, qu'il avait regardés jusqu'alors comme les fondemens solides de son bonheur, n'étaient plus à ses yeux que de vains sophismes; et ces guides perdus pour lui, il fut contraint, dans des momens critiques et décisifs, de tenir à la première ancre qu'on lui jetait.

Peut-être était-il temps encore de le tirer de l'abîme, et que la main d'un ami y aurait réussi. Mais outre que je n'ai connu que longtemps après, et lorsqu'il n'était plus temps d'arrêter le mal, tous ces détails sur l'intérieur du Bucentaure, un événement imprévu m'avait forcé de quitter Venise. La tête de lord Seymour, froide et inaccessible à toute espèce d'illusion, eût été un excellent guide pour le prince, et l'aurait infailliblement soutenu; mais cet Anglais nous avait abandonnés pour retourner dans sa patrie. Les personnes que je laissai auprès du prince étaient sans doute de fort honnêtes gens, mais assez bornés et d'ailleurs sans expérience; il leur manquait et la pénétration nécessaire pour découvrir la source du mal, et un certain crédit auprès de leur maître pour l'arracher aux impressions dont il était le jouet. Aux sophismes spécieux dont celui-ci appuyait son systême, ils ne savaient opposer que des décisions sans preuves, qui tour à tour irritaient le prince et l'amusaient. Supérieur à eux dans l'art du raisonnement, il les réduisait sans peine au silence, et ils perdaient leurs meilleures causes par leur maladresse à les soutenir. Quant à ceux qui dans la suite s'emparèrent de sa confiance, loin de songer à le tirer de l'abîme où ils le voyaient plongé, ils ne cherchaient qu'à l'y enfoncer davantage; et l'année suivante, quand je revins à Venise.... Dieu ! dans quel état je le trouvai !

Cette nouvelle philosophie influa beaucoup sur le genre de vie du prince. A mesure qu'il acquérait de nouveaux amis, il perdait dans l'esprit des anciens. Tous les jours j'étais moins satisfait de lui; nous nous voyions moins fréquemment, et nos conversations finissaient bientôt. Le tourbillon du grand monde l'entraînait avec une rapidité qui le laissait à peine respirer. Chez lui, c'était une affluence nombreuse, un continuel concours; les jeux, les fêtes, les plaisirs se succédaient sans interruption. Il était l'homme à la mode, le dieu du jour, l'idole de tous les cercles. Etonné lui-même de ses succès, il ne pouvait comprendre comment il avait pu se faire en si peu de temps à un train dont la vie insipide et monotone qu'il avait menée jusque-là ne pouvait même lui donner l'idée. Il était suivi, recherché; on se jetait audevant de lui; tout ce qui sortait de sa bouche était excellent, et on lui reprochait son silence comme un vol que la société avait peine à lui pardonner. Au moyen de quelques secours adroitement placés, on avait l'art de tirer de son esprit les idées les plus heureuses; il ne se concevait pas lui-même; et en effet, le succès qui le suivait partout, en lui inspirant de la confiance et du courage, l'avait placé, parmi les gens d'esprit, à un rang réellement supérieur à celui que ses facultés naturelles semblaient lui marquer. La haute opinion qu'il conçut alors de son mérite lui fit ajouter foi aux éloges que l'on faisait de son esprit, et que leur exagération seule eût dû lui rendre suspects. Cette voix générale n'était au fond qu'une confirmation de ce qu'un orgueil satisfait lui avait dit quelquefois dans le secret de son ame : c'était un tribut qu'on ne pouvait plus lui refuser.

Quelque dangereux que fussent les piéges qu'on lui tendait, il est vraisemblable qu'il y aurait échappé, si on lui avait permis de reprendre haleine, et s'il eût pu comparer à loisir son mérite réel avec l'image embellie que lui présentait un miroir flatteur ; mais son existence était un état habituel d'ivresse et de vertige. Plus la place où on l'avait élevé était distinguée, plus il croyait avoir besoin d'efforts continuels pour s'y soutenir : cette tension d'esprit le consumait sans cesse ; même le sommeil n'était plus pour lui du repos, tant ses côtés faibles avaient été habilement saisis, et les effets de la passion qu'on avait allumée dans son sein supérieurement calculés.

Les honnêtes gentilshommes de la suite du prince ne tardèrent pas à s'apercevoir, dans leurs relations avec lui, du vol qu'avait pris leur maître. Les maximes sérieuses, les sentimens respectables auxquels jusqu'alors il avait tenu avec affection, étaient devenus l'objet de ses éternelles plaisanteries; il semblait surtout vouloir se venger sur les vérités de la religion du joug sous lequel les préjugés l'avaient tenu si long-temps courbé : mais comme une voix incorruptible s'élevait du fond de son cœur, combattait les égaremens de sa tête, il y avait dans ses plaisanteries plus d'amertume que de véritable gaîté. Son naturel changea tout à coup; il prit de l'humeur. La modestie, qui avait été jusque-là l'un des plus beaux ornemens de son ame, semblait être devenue étrangère à son caractère. Son cœur, naturellement excellent, commençait à éprouver l'effet du poison de la flatterie. Ces attentions obligeantes, ces égards délicats dans le commerce, qui jusqu'alors avaient fait oublier à ses gentilshommes qu'il était leur maître, firent place très-souvent à des manières brusques et à un ton despotique et tranchant. Quelquefois il se plaisait à leur faire sentir sa supériorité, et ils en étaient d'autant plus humiliés, que ce n'était point sur la différence des rangs qu'elle portait (on s'en console plus aisément), mais sur celle des talens et du mérite personnel. Livré chez lui à une foule de réflexions pénibles qu'il parvenait à écarter dans le monde où il les trouvait déplacées, ses gens ne le voyaient jamais que sombre et grondeur; toute sa gaîté était réservée pour les cercles, où nécessairement il fallait plaire et briller. Ce fut avec une vive douleur que nous le vîmes se jeter dans une carrière si dangereuse ; on fit quelques tentatives pour le ramener, elles furent infructueuses. Que pouvait la faible voix de l'amitié dans le tumulte qui l'étourdissait? Hélas! il était trop distrait pour l'écouter, et surtout trop subjugué pour la comprendre.

Dès les premiers temps de cette fatale époque, j'avais été rappelé à la cour de mon souverain, par des circonstances auxquelles devaient céder les intérêts les plus pressans, et ceux même de l'amitié. Une main inconnue, que cependant je parvins à découvrir dans la suite, avait trouvé le moyen d'embrouiller tellement mes affaires; l'imposture avait répandu contre moi des bruits si odieux, si faux, que je ne dus pas perdre un instant pour aller les dissiper par ma présence : il fallut quitter le prince, et c'était ce qu'on se proposait en me calomniant. D'après le plan formé pour l'amener par tous les moyens possibles à embrasser la foi catholique, on ne devait pas négliger l'éloignement d'un ami fidèle et vrai, dévoué au prince et à toute sa famille, et zélé partisan de la religion qu'on voulait lui faire abandonner. Je doute au reste que lors même que je serais resté plus long-temps, j'eusse rien obtenu de lui. Depuis long-temps le lien qui nous unissait était relâché ; j'avais perdu mon crédit sur son esprit, mes droits d'ami dans son cœur ; il m'avait complètement retiré sa confiance, et il me vit partir sans regret. Son sort cependant ne pouvait cesser de m'inspirer le plus vif intérêt, et j'exigeai du baron de F** la promesse de m'instruire, avec détail, de tout ce qui lui arriverait d'intéressant pendant mon absence : il a tenu fidèlement parole. Ce n'est donc plus comme témoin oculaire que je vais parler ; les lettres du baron, dont je donnerai des extraits, rempliront le vide que j'ai dû laisser ; je l'introduis donc ici à ma place. Quoique la manière de voir de mon ami ne soit pas, à tous égards, la mienne, je me ferais un scrupule d'y rien changer; je conserverai même ses propres expressions, et le lecteur jugera mieux de la vérité.

FIN DU PREMIER VOLUME.

De l'Imprimerie de J.-B. Imbert, rue de la Vieille-Monnaie, n°. 12.

www.ingramcontent.com/pod-product-compliance
Lightning Source LLC
Chambersburg PA
CBHW070610100426
42744CB00006B/446

* 9 7 8 2 0 1 2 1 8 0 6 3 5 *